편역 事大文軌 4

동북아역사 자료총서 53

동북아역사재단
NORTHEAST ASIAN HISTORY FOUNDATION

• 이 책은 2020년도 동북아역사재단 기획연구 수행 결과물임(NAHF-2020-기획연구-15).

서문 및 해제

이번에 출간하는 《편역 『事大文軌』 4》(이하 『事大文軌』 권17)는 동북아역사재단 기획연구사업의 일환인 『事大文軌』 역주 시리즈의 한 결과물이다. 『事大文軌』 권17에는 음력으로 1596년 5월부터 10월까지, 다시 말하면 강화협상의 결렬 전후로 6개월 동안 조선과 명이 어떻게 대일 협력을 추진했는가를 심찰할 수 있는 외교문서가 수록돼 있다(단, 요동도지휘사사로부터 1595년 8월 15일에 발송된 자문이 유일하게 이 기간을 벗어난다). 일본군은 1594년 하반기 조선에서 완전 철군을 단행한 명과는 대조적으로 1596년 당시까지 철수하지 않았다. 이는 강화협상의 성사 여부에 따라 일본군이 조선을 떠나지 않을 수도 있을 뿐만 아니라 심지어 언제라도 전쟁이 재발할 가능성이 상존함을 의미했다. 따라서 조선과 명은 늘 일본군의 재침 움직임에 촉각을 곤두세울 수밖에 없었다.

총 50건의 외교문서로 구성된 『事大文軌』 권17은 임진왜란의 종막이 어떠했는가를 계기적(繼起的)으로 통찰할 수 있는 창을 제공한다. 무엇보다도 전쟁 발발 4년이 지난 시점에서 조선과 명이 일본군 격퇴라는 공동의 목표 수행에 있어 각자 군사력과 교섭력을 병용했지만 대일 강화협상의 유효성에 있어서는 여전히 근본적인 시각차를 좁히지 못했음을 잘 보여준다. 거시적인 측면에서 양국 간 대일 공조에서 나타나는 간극에 대한 재조명은 임진왜란 시기 조명 군사 협력의 양상과 조명 관계의 특성을 관취하는 데 일조할 수 있을 것이다.

명은 도요토미 히데요시(豐臣秀吉)의 책봉을 위한 사절 파견을 확정하며 최대한 교섭력을 끌어올리고자 했다. 1596년 4월 책봉정사 이종성(李宗城)이 부산의 일본군 진영에서 탈출했음에도 불구하고 부정사 양방형(楊邦亨)은 책봉 문제를 타결하고자 6월 중순 일본으로 건너갔다. 『事大文軌』 권17에는 선조가 양방형의 도해(渡海) 및 조선 배신(陪臣)의 일본 파견과 관련해서 양방형과 직접 주고받은 문서가 7건(14%)을 차지한다. 이 사안을 둘러싼 양국의 외교문서까지 합치면 총 11건(22%)이나 된다. 양방형은 자신의 도해를 합리화하기 위해 조선의 지지가 필요했고 이를 위해서 지속적으로 선조에게 조선 배신의 파견을 재촉했다. 비록 양방형을 만난 도요토미 히데요시가 9월 초순 협상 결렬을 선언하며 전운이 다시 감돌기 시작했지만 명은 이종성의 탈출 이후로도 마지막까지 대일 교섭을 통한 종전 해법에 힘을 쏟았다.

이와 함께 명 조정은 이종성 탈출 후 약 한 달이 지난 5월 말부터 전쟁 재발에 대한 군사 대응력 강화를 조선과 논의하기 시작했다. 먼저, 약 5~6천 요동 기병을 압록강변에 대기시키고 상황이 악화될 경우 약 3만 병력을 동원해 다시 조선으로 투입한다는 계획이었다. 재파병 시 양국 간 최대 과제 중 하나인 군량과 마초 보급에 대해서는 조선에서 전적으로 책임질 것을 역설하면서 조선이 전란의 피해를 핑계로 전액 지원을 회피하는 경향에 대해 노골적으로 비난했다.

또 하나 주목할 것은 병력 투입을 통한 군사 작전에서 반드시 조선군과의 기각(掎角), 즉 합동으로 싸울 것을 누차 조선 조정에 확인시켰다는 사실이다. 기본적으로 일본군의 재침 시 조선군이 먼저 맞서 싸워 명군이 도착할 때까지 적의 예봉을 둔화시키는 전략이었다. 물론 명군이 조선의 전선으로 투입될 때 걸리는 시간과 조선군의 최전방 사수가 자국 안보의 당위임을 고려할 때 이러한 역할 분담은 자연스러운 것일 수도 있다. 그러나 또 다른 관점에서 들여다보면, 명은 병력과 재정에 있어 최대한 손실을 줄이고자 노력했다.

한편, 『事大文軌』 권17 속에는 조선이 군사력과 교섭력을 어떻게 병용했는가를 살펴볼 수 있는 문서들도 풍부하다. 먼저, 인성황태후(仁聖皇太后)의 서거를 진위하고 동지절(冬至節)을 진하하는 의례문서가 11건(22%)을 차지한다. 국가 외교상 우방국에 대한 조문이 특별하다고까지 할 수는 없지만 제문을 작성할 뿐 아니라 부의(賻儀)를 보내는 정성을 들인 것은 각별한 우호 관계를 확인하려는 의지를 담고 있다. 조선이 비록 군량 지원과 일본 사은사(謝恩使)의 경로를 두고서 명과 상당한 의견 대립을 보였음에도 불구하고 국가적 경사와 흉사에는 최대한 적극적으로 함께하는 장면을 연출한 것이다. 이와 같이 진하 표문, 진위 표문, 제문, 진헌 예물, 진향 예물 등의 왕래로 상징되는 명과의 돈독한 우호·협력 관계는 조선이 예의지국, 더 구체적으로 '말이 통하고 신뢰할 수 있는' 국가임을 은연히 드러내는 외교적 장치라고 할 것이다.

그런데 당시 양방형의 도해 및 조선 배신의 일본 파견 등 종전 방식에 있어 조선과 명 사이에는 긴장감이 흐르고 있었다. 특히 양방형은 배신 파견 및 동행을 통해 조선이 자신의 도해에 성심성의껏 협조해야 한다며 선조를 압박했다. 『事大文軌』 권17에서 조선이 양방형의 도해에 끝까지 신중하게 임하는 정황을 확인할 수 있는 문서들을 만날 수 있다. 선조는 양방형이 대마도로 건너가 명 조정의 최종 결정[誥勅]을 기다린다고 공언하기 때문에 이에 의거해서 배신을 파견한다는, 달리 말하자면 조선의 통신사행이 조건부 승인임을 천명했다. 동시에 양방형이 바다를 건너 일본으로 가기 6일 전부터의 경과를 포함하는 도해의 전말을 명 조정에 소상하게 전하면서 비상사태 – 협상 결렬 – 가 벌어질 경우 신속하게 대처할 것임도 밝혔다. 강화협상이 성사되지 못할 경우 벌어질 양방형의 도해와 관련한 책임 소재 공방에 대해 선제적으로 대비하는 조치였다.

조선에서 중시한 또 다른 의제는 책봉 이후 일본 사은사의 북경 방문 경로였다. 기본적으로 조선은 책봉을 통한 평화적인 종전에 대해 회의적인 태도를 견지했는데 그 이유는 전쟁 발발 이래로 일본이 전혀 신뢰할 수 없는 행태를 보여 왔기 때문이었다. 실제로 일본군은 명 조정과 약속한 선철수 후책봉의 원칙을 저버리고 책봉사의 귀국 시 완전 철수라는 새로운 조건을 제시하는 등 철군의 약조를 지키지 않았고, 강화협상에서 논의된 바 없는 조선 통신사 파견이라는 카드를 갑자기 꺼내 들었다. 이런 맥락에서 조선은 일본 사은사가 자국을 거쳐 북경으로 가는 것을 반대하며 사은 인원과 선척 수에 대한 철저한 통제를 위해 명에서 관리를 파견할 것을 요청했다. 이와 관련해서 항왜(降倭) – 투항 일본인 – 문제도 수용 불가로 방침을 전환할 것을 명에 촉구했다.

조선은 동지사 파견을 기회로 자국의 확고한 반일 노선을 다시 한 번 표방했다. 이때 선조는 동지사 박동량(朴東亮)에게 진하 표문과 더불어 일본 사은사의 자국 통과 반대 및 선원·선척에 대한 고강도 규제 등 명 조정의 철저하고 직접적인 통제를 골자로 하는 실봉주본(實封奏本)을 함께 가져가도록 했다. 예의지국으로서 신뢰를 쌓는 의례문서와 전혀 신뢰할 수 없는 상대로 지목한 일본과의 강화협상에 대해 끝까지 문제를 제기하는 실무문서를 동시에 전달한 동지사행은 조선의 '현실 외교'가 어떻게 전개됐는가를 짐작해 볼 수 있는 시사점을 제공해 준다.

한편, 명과의 군사 협력에서 최대 난제 중 하나인 군량 지원에 있어서 조선은 자국의 과도한 부담에 공식적으로 불가 입장을 표명했다. 앞서 《편역 『事大文軌』 1》, 《편역 『事大文軌』 2》,

《편역 『事大文軌』 3》에서처럼 전쟁 초반부터 조선은 파병 명군에 대한 부분 지원을 전제로 군량·마초 확보 및 운송에 역량을 집중했다. 이러한 원칙을 『事大文軌』 권17에서도 재확인할 수 있는데, 이종성 탈출 이후로 군사 대응책이 다시 활성화되는 가운데 전액 지원을 주장하는 명의 요청에 대해서 조선은 '할 수 있는 만큼' 최선을 다할 것임을 천명했다. 마초의 경우, 명이 계획한 이동 지역의 5일분, 주둔 지역의 1개월분, 교전 지역의 6개월분을 비축하고 있으며 이미 보관 중인 마초의 경우 장마로 인해 사용할 수 없기 때문에 가을철에 다시 채취해서 마련할 예정임을 알렸다. 명에서 전란의 피해를 내세워 전액 지원을 회피하지 말라고 경고했지만 조선은 전란으로 인해 자국 군사들에게조차 군량 마련이 어려운 전방의 상황을 이유로 명의 요청을 끝내 수락하지 않았다.

대체로 『事大文軌』 권17은 조선과 명 양국 모두 전쟁을 끝내기 위해서 군사력을 사용하고 교섭력을 확보한 사실을 확인시켜 준다. 1596년 양방형이 일본으로 건너갈 당시까지도 명은 조선군의 1차 방어선 사수를 중심으로 하는 합동 작전과 책봉 성사라는 이중의 방침을 관철시키고자 했는데 이러한 군사력과 교섭력의 병용은 일본군의 재침 시 군량과 병력에 있어 피해를 최소화하는 목적에서 기인한 것으로 이해할 수 있다. 조선의 경우, 대일 강화협상의 성공에 대해 끝까지 의구심을 떨치지 않고 오히려 일본의 재침 가능성을 명에 제기하며 보다 긴밀한 조명 군사 협력을 통해 전쟁을 종결하는 데 진력을 다했다. 동시에 군량 수급과 관련해서 경비·물량 일체를 자국에게 강요하려는 명의 요구에 순응하지 않고 부분 지원 및 공동 부담으로 맞대응했다.

끝으로, 우리는 『事大文軌』 권17을 통해서 군사력과 교섭력의 병행에 있어 양국 간 입장 차이의 배후에 존재한 자국 안보 우선주의를 간과할 수 없다. 일본 사은사행을 책봉 이후 단 한 번으로 제한하되, 자국 경유를 불허하고 대신 조선의 육로를 통과하게 함으로써 미연의 문제가 발생할 경우 최대한 자국 영토 밖에서 조치하고자 조선과 주고받은 문서들의 경우, 명의 관점에서 본 안보와 종전 해법의 상관성을 대변한다. 전쟁 발발 이래로 경험한 불신을 근거로 일본의 재침에 대한 군사 대응력 증강을 추구하고 대일 강화협상의 실효성에 의문을 명에 지속적으로 제기하며 주고받은 문서들의 경우, 조선의 관점에서 본 안보와 종전의 상관성을 대변한다. 즉 침략국의 군대와 우방국의 군대가 모두 자국 영토에 모여 있는 조선의 안보 상황과 외국으로 대규모 부대를 파견한 명의 안보 상황이 달랐고 따라서 대응 양상에서도 기본적으로 차이를 보였다. 그러나 안보 상황이 다름에도 불구하고 양국은 지역 안보를 유지하고자 긴밀하게 연대했다. 『事大文軌』 권17이 바로 자국 안보와 지역 안보의 교차 속에 전개된 양국 협력을 증빙하는 주요 사료인 것이다.

다음은 『事大文軌』 권17 수록 문서의 연번에 따라 각 문서에 대한 해제이다.

『사대문궤』 권17 (『壬辰倭亂 史料叢書 1~8 對明外交』 영인본 2책 155~312쪽)

1. **葉遊擊揭**(1a-4b)

   계료총독(薊遼總督) 손광(孫鑛)의 차관으로 파견된 유격 섭상(葉**)이 양국 군사 협력에 있어 조선의 군량 지원이 핵심 사안임을 강조하며 선조(宣祖)에게 올린 게첩(揭帖)이다. 1594년 하반기 조선에 잔류한 명의 부대가 완전히 철수했음에도 불구하고 일본군은 여전히 남해안에 머물러 있었다. 명은 자국 군대를 다시 조선에 보낼 경우 조선에서 전적으로 군량 보급과 운송을 책임질 것을 주장했다. 본 문서에서도 섭상은 선조에게 일본군의 재침을 막는 데 군사훈련이 중요하지만 군사들이 힘써 싸울 수 있는 여건 조성이 기본이기 때문에 명군의 재파병 시 원활한 군량 수급이야말로 가장 절실한 사안이라고 역설했다.

2. **回揭**(4b-6a)

   선조가 조선의 위급한 상황을 우려하는 섭상의 태도에 감사의 뜻을 전하고 동시에 조선의 입장을 설명한 답신이다. 매관매직(賣官賣職) 및 중앙 관리들의 자발적인 각출을 포함해서 다방면으로 군수 지원에 최선을 다하건만 근본적으로 전란으로 인한 곡식의 고갈과 현실적으로 경작자 부족으로 인한 군량 수급의 애로 등 조선이 총제적인 어려움을 겪고 있음을 알렸다. 섭상이 보내 준 「권려가(勸勵歌)」 수백 본을 인출하여 전국에 배포했다는 사실도 공유했다.

3. **楊天使揭**(6a-6b)

   책봉사 양방형이 자신의 도해 및 조선의 배신 파견이 왜 타당한지에 대해서 선조를 설득하고자 보낸 게첩이다. 1595년 명 조정은 도요토미 히데요시의 일본국왕 책봉을 결정하고 이듬해 책봉정사 이종성과 부정사 양방형을 일본으로 파견했다. 그러나 1596년 4월 정사 이종성이 부산에서 일본군 진영을 탈출해 귀국하면서 강화협상은 위기를 맞았다. 부사 양방형은 일본과의 협의 속에 책봉 건을 매듭짓기로 작정했는데 자신의 행보를 명 조정에 합리화하기 위해서 조선 조정으로부터의 지지, 구체적으로 조선의 통신사 파견 및 명 책봉사와의 동행을 요구했다. 본 문서에서 양방형은 선조에게 조선이 강화협상에 동참하는 것이 결코 일본에게 굽히는 것이 아니라 장기적으로 국익이 되는 것이라고 제언했다.

4. **回揭**(6b-7b)

선조의 회신이다. 명 조정 내부에서 이미 배신 파견을 허락하지 않았고 이후 조선에서 주청했으나 아직 명 조정의 결정을 기다리는 중이며 무엇보다도 심유경(沈惟敬)이 돌아오면 보다 구체적인 일본의 상황을 알 수 있을 것이기 때문에 경솔하게 파견 여부를 정할 수 없음을 분명히 했다.

5. **都司咨令本國查處備倭兵粮等項**(7b-9b)

요동도지휘사사(遼東都指揮使司)에서 선조에게 보낸 자문으로 명이 정사 이종성의 탈출 이후 군사 대응력을 새롭게 강화하는 과정을 잘 살펴볼 수 있다. 여기서 명 조정은 수천여 병력을 파견해 조선군과 함께 주요 방어 지점들을 지키도록 함과 더불어 군사교관을 다시 파견해 조선군 자체 전력을 증진시키는 두 방향으로 군사협력을 추진할 것임을 통고했다. 재파병 시 군량과 마초를 반드시 조선에서 확보하고 운송을 전적으로 책임질 것도 요구했다. 흥미롭게도 교관 파견에 대해서는 과거 문제를 일으킨 명 측 인사들에 대한 조사와 처벌을 확인하고 조선의 반발이 있을 경우 더 이상 교관을 파견하지 않을 것임을 공표했다.

6. **回咨**(9b-18a)

선조가 요동도지휘사사에 보낸 회자로 이종성 탈출 이후 급변하는 정세 속에서 조선이 어떻게 대비하고 있는지를 알리는 내용으로 구성돼 있다. 일본군의 재침 시 명군의 합세를 기다리며 굳게 방어하는 전략이 기본 방침임을 전제로 하되 전란의 피폐함으로 인해서 자국 군사들에 대한 군량 지급조차 어렵기 때문에 명 본토로부터 군량 수송이 절대적으로 필요하다며 전액 지원을 반박했다. 동시에 명군의 이동 지역, 주둔 지역, 교전 지역에 따라 최대한 맞춤형 방식으로 군량을 준비하는 상황을 설명했다. 이와 함께 수군을 포함한 명의 파병 규모, 군사훈련, 험요지(險要地), 전라도 협력 방어 등 강화협상 결렬 이전 약 3~4개월 동안에 군사 협력과 관련하여 조선과 명의 여러 아문이 주고받은 문서들이 순차적으로 정리되어 있다.

7. **楊冊使前揭**(18a-19a)

조선에서 명 조정의 결정을 기다려 배신 파견을 결정하려고 했으나 양방형이 이미 부산에서 일본으로 건너갔다는 소식을 들었기에 돈녕부도정 황신(黃愼)과 장악원정 박홍장(朴弘長)을 보냈음을 양방형에게 알리는 게첩이다. 본 문서에서 선조는 명 조정으로부터 최종 결정[誥勅]을 받지 못했기에 절차상 배신 파견이 어렵지만 양방형이 대마도에 머무르며 최종 결정을 기다려 진퇴를 결정할 것이라는 계획을 알려 왔기에 황신과 박홍장으로 하여금 일단 일본으로 건너가게 했음을, 즉 조선의 배신 파견이 조건부임을 에둘렀다. 파견 불가라는 원칙과 한시적 파견이라는 실무 간 균형점을 모색하는 조선의 현실주의 외교의 일면을 엿볼 수 있다.

8. **日本冊使渡海奏文**(19b-27a)

선조가 책봉사 양방형이 일본으로 건너간 직후 그간의 상황을 정리해서 명에 보낸 주문이다. 본 문서를 통해 크게 두 측면에서 일본에 대한 조선 조정의 강한 불신감이 해소되지 못했음을 알 수 있다. 먼저, 일본은 책봉 결정 이후 완전 철수의 약조를 이행하지 않고 여전히 부산과 인근에 4개의 진영을 남겨둔 채 명의 책봉사가 조선으로 돌아오면 잔류 부대를 전원 철수시킨다며 말을 바꿨다. 이것이 바로 일본을 전혀 신뢰할 수 없는 핵심적인 이유였다. 또한 조선 배신의 파견이 강화협상의 의제가 아니었는데 일본이 느닷없이 제기한 행동이야말로 일본 스스로 말을 쉽게 바꾸는 상대임을 입증하는 단서였다. 이런 맥락에서 조선은 강화협상이 끝내 파국을 맞을 경우에 대한 대비책 마련을 명에 요청했다. 협상 결렬을 약 2개월 앞둔 시점에서 책봉과 관련하여 조선 조정과 명의 여러 아문이 주고받은 문서들이 순차적으로 배열돼 있다.

9. **禮部咨**(27a-28b)

선조가 자국의 주문을 만력제(萬曆帝)에게 잘 전달해 주기를 바란다는 내용으로 예부에 보낸 자문이다.

10. **請護送咨**(28b)

선조가 주본을 가지고 관할 지역을 지나가는 공조참판 유영순(柳永詢)을 안전하게 호송할 것을 요동도지휘사사에게 요청하는 자문이다. 원문에는 별도의 두주(頭註)가 없으나 문맥에 따라 이를 별도의 문서로 구분하고 청호송자(請護送咨)라는 제목을 달았다.

11. **葉遊擊揭**(28b-29a)

유격 섭상이 이몽학(李夢鶴)의 난을 성공적으로 진압한 것에 하례하며 선조에게 올린 게첩이다. 그간 조선이 무비를 갖춘 것이 성과를 거두었다고 평가했다.

12. 回揭(29a-29b)

반란의 소식을 접하고 즉시 초무할 계책을 진달하는 등 적극적인 자세를 보인 섭상에 대해 선조가 고마움을 표하는 답신이다.

13. 楊天使揭(29b-30a)

책봉사 양방형이 조선 조정에서 사신 파견을 주저하자 선조에게 강한 어조로 독촉하며 보낸 게첩이다. 가토 기요마사(加籐淸正)가 조선 관원들에게 보낸 서신을 확인하고 싶다고 덧붙였다.

14. 回揭(30a-30b)

선조의 회신으로 비록 사신 파견의 결정에 우여곡절이 있었으나 이미 황신을 파견했다는 내용이 담겨 있다. 기요마사의 서신을 통사 박의검에게 전달했음도 밝혔다.

15. 楊天使揭(30b)

야마구치현 근방에 도착한 양방형이 선조에게 보낸 또 하나의 게첩으로 조선 배신의 파견 여부를 조속히 알려 줄 것을 독촉하기 위해서 작성됐다. 일본에 도착한 후 보낸 첫 번째 게첩에 대한 선조의 회답을 받아 보지 못한 상태에서 올린 것으로 보인다.

16. 回揭(30b-31a)

이미 조선에서 황신을 파견했음을 확인하는 선조의 회신이다. 본 문서에서 선조는 조선이 명 조정의 공식적인 결정에 따라 일본으로 사신을 파견한 것임을 명기했다.

17. 冬至表(31a-31b)

선조가 동지영절(冬至令節)을 맞아 명의 만력제에게 보낸 표문이다. 본 문서와 뒤에 이어지는 문서들은 전형적인 의례문서의 서식을 보여 준다는 점에서 참고할 만하다.

18. 方物表(31b-32a)

선조가 동지영절을 맞아 명의 만력제에게 보낸 방물 내역을 담은 표문으로 의례문서에 속한다. 원문에는 별도의 두주가 없으나 문맥에 따라 이를 별도의 문서로 구분하고 방물표(方物表)라는 제목을 달았다.

19. 仁聖皇太后前進獻禮物狀(32a-32b)

선조가 동지영절을 맞아 명의 인성의안강정황태후(仁聖懿安康靜皇太后)에게 예물을 진헌하면서 작성했다. 원문에는 별도의 두주가 없으나 문맥에 따라 이를 별도의 문서로 구분하고 인성황태후전진헌예물장(仁聖皇太后前進獻禮物狀)라는 제목을 달았다. 본 문서 역시 의례문서에 해당하며 예물은 비교적 간략하다.

20. 慈聖皇太后前進獻禮物狀(32b-33a)

선조가 동지영절을 맞아 명의 자성선문명숙황태후(慈聖宣文明肅皇太后)에게 예물을 진헌하면서 작성했다. 원문에는 별도의 두주가 없으나 문맥에 따라 이를 별도의 문서로 구분하고 자성황태후전진헌예물장(慈聖皇太后前進獻禮物狀)라는 제목을 달았다. 본 문서 역시 의례문서에 해당하며 봉진하는 예물은 인성황태후의 경우와 동일하다.

21. 中宮前進獻禮物狀(33a)

선조가 동지영절을 맞아 명의 황후에게 예물을 진헌하면서 갖춘 문서이다. 원문에는 별도의 두주가 없으나 문맥에 따라 이를 별도의 문서로 구분하되 중궁전진헌예물장(中宮前進獻禮物狀)이라는 제목을 달았다. 본 문서 역시 의례문서에 해당하며 봉진하는 예물은 두 황태후의 경우와 동일하다.

22. 請禮部聞奏咨(33a-33b)

선조가 동지영절을 맞아 진하 표문과 진헌 예물을 동지사 박동량에게 주어 보낸다는 사실을 예부에 알리는 자문이다. 열거된 예물은 앞의 진헌 예물표와 동일했을 것인데 본 문서에서는 중복을 피하기 위해 생략하고 '상동(上同)'이라고 기재했다. 원문에는 별도의 두주가 없으나 문맥에 따라 이를 별도의 문서로 구분하고 청예부문주자(請禮部聞奏咨)라는 제목을 달았다.

23. 請給曆日咨(33b)

선조가 이듬해인 만력 25년의 대통력일(大統曆日)을 반사(頒賜)해 주도록 대신 상주할 것을 예부에 요청한 자문이다. 동지사에게 이듬해의 역일을 요청하는 본 문서 역시 의례문서에 해당한다. 원문에는 별도의 두주가 없으나 문맥에 다라 이를 별도의 문서로 구분하고 청급역일자(請給曆日咨)라는 제목을 달았다.

24. 請禮部聞奏咨(33b-34a)

선조가 동지영절을 맞아 진하 표문과 진헌 예물을 갖추어 동지사 박동량에게 주어 보내면서 동시에 인성황태후에게 진헌할 예물을 가져간다는 사실을 예부에 알리는 자문이다. 열거된 예물은 앞의 진헌 예물표와 동일했을 것인데 본 문서에서는 중복을 피하기 위해 생략하고 '상동'이라고 기재했다. 원문에는 별도의 두주가 없으나 문맥에 따라 이를 별도의 문서로 구분하고 청예부문주자(請禮部聞奏咨)라는 제목을 달았다.

25. 請禮部聞奏咨(34a-34b)

선조가 동지영절을 맞아 진하 표문과 진헌 예물을 갖추어 동지사 박동량에게 주어 보내면서 동시에 자성황태후에게 진헌할 예물을 가져간다는 사실을 예부에 알리는 자문이다. 열거된 예물은 앞의 진헌 예물표와 동일했을 것인데 본 문서에서는 중복을 피하기 위해 생략하고 '상동'이라고 기재했다. 원문에는 별도의 두주가 없으나 문맥에 따라 이를 별도의 문서로 구분하고 청예부문주자(請禮部聞奏咨)라는 제목을 달았다.

26. 請禮部聞奏咨(34b)

선조가 동지영절을 맞아 진하 표문과 진헌 예물을 갖추어 동지사 박동량에게 주어 보내면서 동시에 황후에게 진헌할 예물을 가져간다는 사실을 예부에 알리는 자문이다. 열거된 예물은 앞의 진헌 예물전과 동일했을 것인데 본 문서에서는 중복을 피하기 위해 생략하고 '상동'이라고 기재했다. 원문에는 별도의 두주가 없으나 문맥에 따라 이를 별도의 문서로 구분하고 청예부문주자(請禮部聞奏咨)라는 제목을 달았다.

27. 請護送咨(34b-35a)

선조가 요동도지휘사사에 보낸 자문이다. 동지영절을 맞아 진하 표문과 진헌 예물을 갖추어 북경으로 가는 동지사 일행이 요동도지휘사사의 관할 지역을 통과할 것이니 안전한 호송을 바란다는 내용이다. 원문에는 별도의 두주가 없으나 문맥에 따라 청호송자(請護送咨)라는 제목을 달았다.

28. 申諭倭酋約定謝恩倭數(35a-41a)

동지사 박동량이 가져간 선조의 실봉주본이다. 조선에서 동지영절을 맞아 보내는 의례문서 외에도, 실봉주본을 통해 실제 현안을 보고하는 경우가 종종 있었다. 본 주본은 명나라의 일본국왕 책봉에 대한 답례로 파견될 일본 사신단이 조선을 통해 북경으로 간다는 계획을 저지하려는 목적에서 작성된 실무문서다. 조선은 일본이 신뢰할 만하지 못한 존재이며, 특히 본국이나 명의 경내를 육로로 통과한다는 것은 법제상으로나 군사 기밀 목적에 있어서 타당하지 않음을 역설했다. 이러한 주장에 대한 논리를 보강하기 위해서 조선은 강화협상이 진행되는 와중에도 일본이 여전히 자국 경내에 주둔하고 있을 뿐만 아니라 도리어 책봉의 성사 이후에야 철수하겠다면서 명의 지시에 따르지 않고 있음을 지적했다. 나아가 명에서 직접 일본의 사신 파견을 통제하거나 혹은 진공(進貢)을 면제해 주어야 한다고 피력하고 있다.

29. 請禮部聞奏咨(41a)

선조가 동지사 박동량에게 의례문서와 함께 실봉주본을 보내는 사정을 예부에 알리는 자문이다. 원문서에는 주본과 동일한 내용이 기재되어 있었을 것이나 본 문서에서는 '운운(云云)'으로 생략했다. 원문에는 별도의 두주가 없으나 문맥에 따라 청예부문주자(請禮部聞奏咨)라는 제목을 달았다.

30. 請轉報咨(41b)

선조가 동지사 박동량에게 의례문서뿐만 아니라 실무문서를 함께 보내는 사정을 요동도지휘사사에 알리는 자문이다. 예부에 보낸 자문과 마찬가지로 원문서에는 쓰여 있었을 전문을 '운운'으로 생략하였다. 요동도지휘사사의 관원으로 하여금 상부로 전보(轉報)하도록 요청하는 실무문서인데, 이는 조선 사신이 북경에서 벌이는 외교 활동과 동시에 진행되는 별도의 외교 노선으로 볼 수 있다. 본 자문을 통해 요동아문에 속한 관원들이 관련 내용을 공유하게 된다. 원문에는 별도의 두주가 없으나 문맥에 따라 청전보자(請轉報咨)라는 제목을 달았다.

31. 辨明僞書(41b-45a)

선조가 명 예부에 보낸 자문으로 선조 명의로 병부상서 석성(石星)에게 전달되었다는 의문의 한 서첩(書帖)이 위서(僞書)임을 밝히는 내용이다. 괴문서에는 선조가 도요토미 히데요시와 직접 문서를 교환하며 강화협상을 독려했다는 내용과 가토 기요마사가 식량과 조령·등래(登萊) 등의 지명이 있는 지도를 조선에 요구하자 조선이 이에 응답해 보내 주었다는 내용을 중심으로 기술됐다. 조선은 본 문서가 요동도지휘사사와 예부 등 담당 기관을 거치는 공식 절차를 완전히 무시하고 병부상서를 수신자로 명시한 점 그리고 외교문서 작성에 있어 석성을 '태사(太師)'로 지칭하는 표현 등 어긋나는 부분이 많은 점을 근거로 의문의 서첩이 내용은 차치하고 절차와 형식에 있어 터무니없는 위서가 명백함을 입증했다.

32. 琉球國回咨(45a-47b)

유구국(琉球國)의 자문에 대한 선조의 회답이다. 여기서 유구국 왕은 1590년 자국의 관원이 세미(稅米) 등을 선운하다가 조선의 남쪽 해안에 표류했지만 조선 조정의 협조로 명을 경유하여 돌아온 일에 대해 폐백으로 사례했다. 이에 대해 선조는 백저포·백면주·인삼을 동지사 박동량에게 답례로 가져가도록 해서 유구국 사신을 북경에서 만날 경우 전달하도록 했다.

33. 仁聖王后崩逝陳慰表(47b-48b)

선조가 원차주문배신(原差奏聞陪臣) 구성(具宬)으로부터 1596년 7월경 인성황태후의 사망 소식을 접하자 위로의 뜻을 전하는 진위표(陳慰表)를 작성하고 진위사를 파견했다. 선조는 명 조정뿐만 아니라 나라 전체가 상심에 잠길 것을 걱정하며 본인이 애도의 자리에 함께 하지 못하는 사정을 말하며 조의를 표했다. 의례문서의 한 서식이라는 점에서 눈여겨 볼 필요가 있다.

34. 祭文(48b-49a)

조선에서 인성황태후의 살아생전 업적과 백성을 자애심으로 아낀 일 등을 추도하며 작성된 제문이다.

35. 請禮部聞奏咨(49a-49b)

선조가 공조판서 이축(李軸)을 차정하여 진위 표문을 보내는 사정을 예부에 알리는 자문이다. 원문에는 별도의 두주가 없으나 문맥에 따라 청예부문주자(請禮部聞奏咨)라는 제목을 달았다.

36. 請禮部聞奏咨(49b)

선조가 호조참판 이로(李輅)를 차정하여 제문과 진향 예물을 보내는 사정을 예부에 알리는 자문이다. 원문에는 별도의 두주가 없으나 문맥에 따라 청예부문주자(請禮部聞奏咨)라는 제목을 달았다.

37. 請護送咨(50a)

선조가 요동도지휘사사에 보낸 자문이다. 인성황태후의 조문을 위해 표문과 제문뿐만 아니라 진향 예물을 갖추어 북경으로 향하는 사신단이 요동도지휘사사의 관할 지역을 통과할 것이니 안전한 호송을 바란다는 내용이다. 원문에는 별도의 두주가 없으나 문맥에 따라 청호송자(請護送咨)라는 제목을 달았다.

38. 都司約定倭使貢路(50a-55a)

요동도지휘사사가 선조에게 보낸 자문이다. 조선은 책봉 이후 일본에서 보낼 사은사의 경로와 관련해서 조선을 통과해 지나가지 못하도록 건의한 고양겸(顧養謙)을 인용하며 영파(寧波)로 진입하게 할 것을 요청했다. 또한 조선은 항왜와 관련해서 투항 여부를 가리지 말고 무조건 돌려보내도록 방침을 변경할 것을 요청했다. 병부는 고양겸의 논의가 조공길에 대한 사안일 뿐이고 조공 자체를 불허했기에 영파를 통한 입국은 논외며 사은사

왕래는 이번 책봉과 관련한 한시적인 사안으로 이미 조선을 통한 입경이 결정된 사항이라고 응수했다. 덧붙여 사은사의 인원수는 엄격하게 제한하고 조선을 경과할 시 어떠한 소요도 엄금하며 항왜는 조선의 편의에 따라 배치하거나 요동에 보내도록 하는 조치를 제의했다.

39. 布政查備粮草(55a-56a)

산동포정사사(山東布政使司) 양호(楊鎬)가 선조에게 보낸 자문이다. 마병 2만 명에게 9개월간 공급할 풀 540만 속을 조선에서 마련하되 서둘러 채취하여 보관하라는 손광의 헌패(憲牌) 내용을 전달하며 추가적으로 각 관소에서 채취한 풀과 관리자의 직명을 목록으로 만들어 송부할 것을 요청했다.

40. 回咨(56a-60a)

선조가 양호에게 보낸 회자로 명군 마병에 공급할 풀을 채취하여 보관하고 목록을 작성해 송부하라는 이전의 요청을 수행해 오고 있음을 알렸다. 그러나 최근까지 모은 말먹이 풀이 장마로 인해 손상된 것이 많으므로 날이 개는 가을에 다시 채취하여 모아둘 것이며 해당 목록을 작성하여 보낼 것이라고 답신했다.

41. 兵部議遣陪臣入往日本回咨(60a-61b)

병부에서 선조에게 보낸 자문이다. 본 문서를 통해 병부는 일본군이 아직 철수하지 않고 남아 있다는 조선의 주본이 3월 이전의 상황을 말할 뿐이지 가장 강경한 기요마사 진영마저 5월에 일본으로 돌아갔고 주둔하던 건물도 불태워지는 등 일본군 철수가 거의 완료된 사실을 전혀 반영하지 못하고 있다고 비난했다. 남은 수순은 부산의 일본군 철수와 책봉사의 도해인데, 책봉사와 동행할 조선 배신의 파견 여부는 조선 스스로 결정할 사안이라며 조선을 압박했다.

42. 李揔兵揭(61b)

이총병이 선조에게 보낸 게첩으로 병부의 이문 내용을 선조에 전달하면서 부산에 머물고 있는 일본군의 현황에 대해 논란이 있으니 조사해 알려 달라는 내용이다. 여기서 이총병은 이여송(李如松)으로 추정된다.

43. 回揭(61b-63a)

선조가 보낸 회신으로 외교 규례 상 주문과 자문을 제외하고 조선에서 병부에 따로 보내는 문서 양식이 없기에 병부가 아닌 발신자의 문서에 대한 회신이 원칙적으로 불가하다는 사실을 상기시켰다. 여기서 선조는 부산의 일본군에 대한 정보를 주문으로 명 조정에 이미 알렸을 뿐만 아니라 그 외의 특이 사항이 없기에 회신할 내용도 없으며 이러한 이유로 인해서 함께 보내온 예물 역시 받을 수 없다고 거절했다.

44. 都司善後事宜(63a-64b)

요동도지휘사사에서 선조에게 보낸 자문이다. 명나라가 일본군을 제압한 뒤 책봉을 허락해서 조선에서 일본군을 물러가도록 했으니 이제 조선이 자구책을 수립해 실천해야 할 것임을 전하면서 각 지방의 담당 관원들에게 알릴 것을 요청했다.

45. 回咨(64b-65a)

선조가 요동도지휘사사에 보낸 자문으로 명의 요청에 따라 각 담당 관원에게 알리겠다는 내용이다.

46. 本國乞定謝恩倭數(65a-68b)

선조가 일본의 사은사 파견 문제와 관련해서 요동도지휘사사에 보낸 자문이다. 조선은 명군 천총 심무시(沈懋時)가 부산의 일본인들 사이에서 얻은 정보를 바탕으로 일본 사은사에 대한 고강도 규제의 필요성을 명 조정에 알렸다. 특히 일본 사절단이 조선 내지를 통과할 때 소요되는 숙소/숙박과 우마의 일체 경비를 조선에서 부담하도록 요구할 것이라는 소식에 대해서 조선이 당할 피해를 원천적으로 차단해야 함을 강조했다. 우선적으로 사은사가 대마도에 도착하면 총 인원 300명 그리고 선박 총 3척의 규정 준수를 철저히 확인한 후 조선으로 이동시킬 것을 제시했다. 동시에 여전히 부산을 포함한 인근 네 지역에 일본군이 주둔하고 있는 상황에서 사은사의 도래가 어떤 비상사태를 유발할지 모르기에 이에 대한 대비책도 마련해야 할 것임을 상기시켰다. 그리고 명 조정에서 모든 대책을 신속하게 결정해서 사은사가 자국 땅을 밟기 전에 준수 사항을 미리 인지시킬 것을 주문했다. 끝으로, 인원과 선척에 대한 면밀한 검사를 전담하는 관리를 조선에 파견하여 본 사안을 확실하게 처리할 수 있도록 제도적 장치의 마련을 요청했다.

47. 都司暫住兵馬鴨綠西邊(68b-70a)

요동도지휘사사에서 선조에게 보낸 자문이다. 병부를 거쳐 내려온 손광의 지시 사항을 전달한 것으로 이종성 탈출 이후 변고가 발생할 가능성에 대비해서 요동 마병 3천을 압록강 서편에 대기시켰다가 필요시 전라도로 급파해 조선군과 함께 방어하도록 함과 더불어 조선에서도 자구책 마련에 힘쓸 것을 요청하는 내용이다.

48. 回咨(70a)

선조가 요동도지휘사사에 보낸 자문으로 명의 요청에 따라 대비하겠다는 내용이다.

49. 兵部善後事宜(70b-77a)

병부에서 선조에게 보낸 자문으로 일본의 재침에 대비한 병부상서 석성의 주본이 핵심 내용이다. 석성은 조정에서 자신에게 강화협상의 결과에 대한 책임을 전가하려는 처사에 대해 부당함을 호소하며 대일 방어를 담당하는 해당 지역의 장관들로 하여금 중앙의 지시에 의존하지 말고 주도적이고 선제적으로 예방할 것을 제청했다. 이런 맥락에서 조선도 더 이상 명에 기대지 말 것을 엄히 당부할 필요성을 역설했다.

50. 回咨(77a-78a)

선조가 예부에 보낸 회자로 조선의 자체적인 대비책 수립과 실천을 강조하는 명의 요청을 확인하며 대신 일본의 사은사 일행이 자국을 통과할 때 어떤 경우라도 해악을 끼치지 말도록 사전에 철저히 방지해 줄 것을 명에 요청했다.

끝으로, 역주와 발간에 동참해 준 3명의 역자들께 다시 한 번 감사의 마음을 전한다. 여일하게 마음을 모아 참여해 주었기에 이 책의 발간이 가능했다. 동북아역사재단 이영호 이사장님 및 재단 출판 관계자 여러분께도 감사의 말씀을 드린다.

역자를 대표하여

이정일

일러두기

○ 본 번역서는 『壬辰倭亂 史料叢書 1~8 對明外交』(국립진주박물관, 2002, 영인본)의 『事大文軌』 卷之十七에 대한 수록 문서 목록, 표점, 번역의 세 부분으로 구성되어 있다.

○ 수록 문서의 작성 연월일은 원문의 날짜 표기 방식대로 표기하였다. 수록 문서 목록의 쪽수는 영인본의 쪽수와 일치한다.

○ 표점과 번역은 부호, 띄어쓰기, 줄 바꿈, 수신문과 발신문의 화자 표시, 행이 과정 등을 포함해서 재단 출간 〈동북아역사 자료총서〉 편집 양식을 준용하였다.

○ 표점은 원문의 의미를 살리기 위해서 마침표, 쉼표, 따옴표, 물음표, 느낌표, 쌍점, 가운뎃점 등을 최소한으로 사용하였다.

○ 번역의 발신과 수신은 해당 문서의 발신자와 수신자를 의미한다.

○ 인명, 지명, 국명, 서명, 고유명사는 각 문서에서 처음 등장할 때 한자를 병기하는 것을 원칙으로 하였다.

○ 번역은 원문에 가깝게 직역을 하는 것을 원칙으로 하되 독자들의 내용 이해를 돕기 위해서 형용사, 명사, 조사 등 적합한 어구를 삽입하고 대괄호 및 괄호 등으로 표시하였다.

○ 모든 번역문의 종결은 외교 문서임을 고려하여 최상 격식체인 합쇼체를 원칙으로 하였다. 단, 문맥의 의미를 살리기 위해 만력제의 발화는 최하 격식체인 해라체로 통일하였다.

○ 대두법(擡頭法)은 원문과 번역문에서 모두 적용하지 않았다.

○ 번역자의 판단에 따라 필요한 경우 각주로 설명하고, 각주 내 국한문 표기는 원문의 원칙을 따랐다. 원본에 명백한 오류가 있는 글자 등에 대해서는 원문은 그대로 두고 각주로 설명하였다. 입력할 수 없는 이체자, 이형자 등은 정자로 표기하였다.

○ 조선왕조실록 및 문집 등에서 원문의 기사와 동일하거나 연관된 기사가 있을 경우, 해당 내용(원문)을 〈동북아역사논총〉의 각주 형식으로 첨부하였다.

편역 事大文軌 4 – 권17 –

차 례

수록 문서 목록

『壬辰倭亂 史料叢書 1~8 對明外交』(국립진주박물관, 2002 영인본) 2책

번호	제목[頭註]	일자	쪽수	번역자
1	葉遊擊揭	일자 없음	157~164	김한신
2	囬揭	일자 없음	164~167	김한신
3	楊天使揭	일자 없음	167~168	김한신
4	囬揭	일자 없음	168~170	김한신
5	都司咨令本國查處備倭兵粮等項	萬曆二十四年 五月 二十二日	170~174	장정수
6	回咨	萬曆二十四年 六月 二十日	174~191	장정수
7	楊册使前揭	일자 없음	191~193	김한신
8	日本册使渡海奏文	萬曆二十四年 七月 初九日	194~209	김한신
9	禮部咨	萬曆二十四年 七月 初九日	209~212	김한신
10	請護送咨	萬曆二十四年 七月 初九日	212	김한신
11	葉遊擊揭	일자 없음	212~213	장정수
12	回揭	일자 없음	213~214	장정수
13	楊天使揭	일자 없음	214~215	장정수
14	囬揭	일자 없음	215~216	장정수
15	楊天使揭	일자 없음	216	장정수
16	囬揭	일자 없음	216~217	장정수
17	冬至表	萬曆二十四年 十一月 初三日	217~218	장정수

번호	제목[頭註]	일자	쪽수	번역자
18	方物表	萬曆二十四年 十一月 初三日	218~219	장정수
19	仁聖皇太后前進獻禮物狀	萬曆二十四年 十一月 初三日	219~220	장정수
20	慈聖皇太后前進獻禮物狀	萬曆二十四年 十一月 初三日	220~221	장정수
21	中宮前進獻禮物狀	萬曆二十四年 十一月 初三日	221	장정수
22	請禮部聞奏咨	萬曆二十四年 八月 十九日	221~222	장정수
23	請給曆日咨	萬曆二十四年 八月 十九日	222	장정수
24	請禮部聞奏咨	萬曆二十四年 八月 十九日	222~223	장정수
25	請禮部聞奏咨	萬曆二十四年 八月 十九日	223~224	장정수
26	請禮部聞奏咨	萬曆二十四年 八月 十九日	224	장정수
27	請護送咨	萬曆二十四年 八月 十九日	224~225	장정수
28	申諭倭酋約定謝恩倭數	萬曆二十四年 八月 十九日	225~237	장정수
29	請禮部聞奏咨	萬曆二十四年 八月 十九日	237	장정수
30	請轉報咨	萬曆二十四年 閏八月 初五日	238	장정수
31	辨明僞書	萬曆二十四年 八月 十九日	238~245	김한신
32	琉球國回咨	萬曆二十四年 八月 十九日	245~250	김한신
33	仁聖王后崩逝陳慰表	萬曆二十四年 閏八月 初九日	250~252	김한신
34	祭文	萬曆二十四年 閏八月 初九日	252~253	김한신
35	請禮部聞奏咨	萬曆二十四年 閏八月 初九日	253~254	김한신
36	請禮部聞奏咨	萬曆二十四年 閏八月 初九日	254	김경태
37	請護送咨	萬曆二十四年 閏八月 初九日	255	김경태
38	都司約定倭使貢路	萬曆二十三年 八月 十五日	255~265	김경태
39	布政查備粮草	萬曆二十四年 八月 二十六日	265~267	김경태
40	回咨	萬曆二十四年 閏八月 十七日	267~275	김경태
41	兵部議遣陪臣入往日本回咨	萬曆二十四年 六月 二十六日	275~278	김경태
42	李摠兵揭	일자 없음	278	김경태
43	回揭	일자 없음	278~281	김경태
44	都司善後事宜	萬曆二十四年 八月 十一日	281~284	김경태

번호	제목[頭註]	일자	쪽수	번역자
45	囬咨	萬曆二十四年 十月 初五日	284~285	김경태
46	本國乞定謝恩倭數	萬曆二十四年 十月 初六日	285~292	이정일
47	都司暫住兵馬鴨綠西邊	萬曆二十四年 九月 初六日	292~295	이정일
48	囬咨	萬曆二十四年 十月 初五日	295	이정일
49	兵部善後事宜	萬曆二十四年 八月 二十二日	296~309	이정일
50	回咨	萬曆二十四年 十月 十五日	309~311	이정일

* 권17은 1596년(만력 24) 5월부터 10월까지 조선과 명이 주고받은 문서로 구성되어 있다. 단, 연번 38은 1595년(만력 23) 8월 발신 문서로 예외이며, 연번 1, 2, 3, 4, 7, 11, 12, 13, 14, 15, 16, 42, 43은 작성 일자가 확인되지 않는다.

** 연번 10, 18, 19, 20, 21, 22, 23, 24, 25, 26, 27, 29, 30, 35, 36, 37은 원래 제목이 없으나 내용 구분상 請護送咨, 方物表, 仁聖皇太后前進獻禮物狀, 慈聖皇太后前進獻禮物狀, 中宮前進獻禮物狀, 請禮部聞奏咨, 請給曆日咨, 請禮部聞奏咨, 請禮部聞奏咨, 請禮部聞奏咨, 請護送咨, 請禮部聞奏咨, 請轉報咨, 請禮部聞奏咨, 請禮部聞奏咨, 請護送咨로 각각 제목을 달았다.

1. 葉遊擊揭
1a-4b(157~164쪽)

謹啓. 本職, 自涉貴邦, 觀民覽勝, 人心質有古風, 地利允稱天府, 諸侯大寶, 英雄用武, 所必資矣. 况兼國王仁德, 輔位忠良, 天朝眷顧甚殷, 祖宗積累已厚. 年豊時和, 盜息民安, 而海倭遷延未殲, 尤天假自强之便. 夫古有主賢臣藎, 民歸親助, 大國之與, 天意之順, 則一旅可王, 亡人可霸. 矧跨天府之雄, 籍已成之業, 擁士馬之衆, 而不能揚眉吐氣哉. 是誠國王之慶, 社稷之福, 無容多贅. 古云, 足食足兵, 民信之矣. 此聖門, 兵法孫吳, 皆在下風者. 今貴國民心朴茂, 信義素孚, 根本已裕, 獨兵不足, 而食尤不足. 然兵可借乎天朝, 糧必資于貴國, 故孫老爺, 爲此, 苦心特差本職, 會同王同知, 來相酌議. 大約謂, 此事不在急迫勒完, 只要處置得宜, 彼此通融, 惟不誤事機足矣. 今本職初會國王, 即承禮遇隆, 重寵賜稠疊, 感謝弗暇, 何敢瑣瀆. 惟是奉行方略, 難以終隱, 昨已會六曹備道其意. 但譯語不能通情, 曲謹悉楮以聞. 貴國自倭犯已來, 天朝無不順情, 如向者請援天朝, 隨即發兵來救, 見兵不足, 即行召募, 厚給安家, 犒賞行月錢糧, 糜費無筭. 今者, 倭衆未退, 天朝又爲貴國選將鍊兵, 以待應援. 惟士馬行糧, 必資貴國, 孫老爺業已數番咨詢. 今本職, 與王同知, 復奉憲檄, 遵依明旨, 前來查議積貯, 溽暑長途櫛風沐雨, 毋非欲貴國分憂恊力, 共襄大事. 旣又勑孫老爺, 作速傳諭貴國, 令厚積芻糧, 以待我兵救援. 天朝必無越數千里轉餉爲彼戰守之理. 欽此. 隨行本職, 再三盡心區處, 勿得違誤. 及遇王同知回, 止取糧料, 淸册不過六七萬石, 將何以供應大兵. 大兵恐貴國不如是之耗也. 然果民窮財盡, 必欲責之神輸鬼運，本職亦不如是之執也．但王同知係文臣，又本州公務甚多，故取紙筆工夫怱然而去．今本職武弁之流，務從實地上做事，更仰體孫老爺，與貴國王盛心，必欲委曲議處，通融接濟，俾城舘芻糧，足需援兵之用，方可回報．不然，本職何以回覆孫老爺，孫老爺何以奏覆聖天子．不特孤天朝救援之意，彼此體面何存．貴國恭順有素，且秋收在邇，諒必終有善處也．且天朝士馬金錢，尙然不吝些須糧草，貴國寧獨惜之，而不思勉强以供命乎．前者，本職，具有管見上覽，非敢有干國政，特以日者警急義切，同舟休戚相關．且奉孫老爺諭，務要多方設處，故不自揣敢竭其愚．今者，事體稍異，更有進於是者，糧不忍有强斂，或以有無，相易貿粟以備用，或聽文武士民，鳩粟以相助，雖所得無幾，而天朝曉然知殫竭之意，或有加於望外者矣．但謂需餉于山東海運，則風水難定，嗷嗷士馬待哺，實不便也．兵不必于他求，以供客兵者，厚撫戰士而精鍊之，則不籍救援，自能保全．此自强之道，所當乘暇而速圖者也．然鍊兵不可緩，而糧尤不可緩．盖鍊兵一時難恃，惟可爲日後之防，贏糧則援兵可來，實能解目前之急．倘緩事鍊兵而不勝備糧，一旦有警，無論烏合難用，而枵腹之士曷當勁敵，遠救之士焉能夙飽．袖手待斃，患何可言．故備糧視鍊兵爲尤急也．今國王能料倭之必退乎．退而亦必不来乎．果退而不來，則糧仍貴國之有．帝王貴米粟而賤金，王何慮貿積之無用乎．果若不退，退而復來，則貿積尤慮其緩，而況于推諉毫不經理乎．且如貴國請援天朝而天朝不應，貴國之心安乎．今天朝數頒明旨，欲貴國備糧以待援，而貴國不勉供其命，天朝之心安乎．此本職所以傾肝瀝膽，一籲于國王者也．伏乞，深思詳議，令下戶曹早賜定奪，以便轉報．然區區之願，但得封成兵戢，安享太平，幸也，乘暇鍊兵，國有餘强，尤幸也．至於備糧待援，實出於必不得已之勢，惟國王亮之．勸勵歌自知狂冒，然實爲貴國强兵計．但恐人輕言微，不足以倡，願國王俯和一韻，金聲而玉振之，刊布內外，愈令士民聳觀動聽，尤爲榮荷．瑣瑣上瀆．伏祈電鑑．不宣．

삼가 아룁니다. 본직은 귀방으로 건너온 이래 민(民)을 살피며 유람하니 인심(人心)은 그 바탕에 고풍이 남아 있고 땅의 이로움은 진실로 천혜의 지역이자 제후의 큰 보물이라 할 만하며, 영웅이 힘을 발휘함에 반드시 의지가 되는 바입니다. 게다가 겸하여 국왕은 인덕(仁德)을 지녔고 임금을 보도하는 이들이 충량하며 천조에서 돌봐줌이 심히 성대한데다가 조종에서 쌓아온 업적이 이미 두터웠습니다. 매년 풍년이 들고 태평하여 도둑이 멈추었고 백성이 평안하였으며 바닷가 왜구들이 머뭇거리며 아직 치성하지 않았던 것은 더욱 하늘이 자강의 편의를 내려 준 것이었습니다. 무릇 옛날에는 현명한 군주와 충성스런 신하가 있어 백성이 돌아와 부모를 대하듯이 도왔고, 대국과 관계를 맺음에 천의(天意)에 따랐기에 군사 1려(旅)[1]만으로도 가히 왕 노릇을 할 수 있었으며 도망 중인 사람도 가히 패업(霸業)을 이룰 수가 있었습니다. 하물며 천혜의 웅장한 곳에 걸터앉아 이미 이루어진 왕업(王業)에 의지하며 군대[士馬]를 거느리니 능히 활개를 치지 못하겠습니까. 이는 진실로 국왕의 경사요 사직의 복이니 더 말할 필요도 없겠습니다.

옛말에 이르기를 백성을 족히 먹일 만하고 군비를 족히 갖춘다면 백성이 믿어줄 것이라고 하였습니다.[2] 이는 성문(聖門)[3]이니 손자(孫子)[4]·오자(吳子)[5]의 병법 모두 그 아래에 놓여 있다고 할 수 있습니다. 지금 귀국의 민심은 소박하면서 정이 두텁고 신의는 본디 진실하여 근본이 이미 넉넉한데 유독 군사는 부족하고 식량은 더욱 부족합니다. 그런데 군사는 천조에서 빌릴 수 있되 식량은 반드시 귀국에 의지해야 하므로 손 노야[6]가 이에 고심하

---

1) 500여 명을 이른다.

2) 자공(子貢)과 공자(孔子) 사이에 있었던 대화 내용이다. 『論語』, 顔淵 "子貢問政 子曰 足食足兵 民信之矣".

3) 공자의 문도(門徒), 더 나아가 공자의 가르침을 의미한다.

4) 『손자병법(孫子兵法)』을 지은 손무(孫武)와 손빈(孫臏)을 지칭한다.

5) 『오자병법(吳子兵法)』을 지은 오기(吳起)를 지칭한다.

6) 손광(孫鑛, 1543~1613)이다.

여 특별히 본직을 차견하여 왕 동지(同知)[7]와 회동하도록 하여 서로 와서 상의했습니다. 대략 "이 일은 서둘러서 억지로 완결 짓는데 달려 있지 않고 다만 적절하게 처치해야 하니 피차 막힘없이 통하도록 하여 오직 사기(事機)를 그르치지 않는 것으로 족하다"라고 말했습니다. 지금 본직이 처음 국왕을 만나 뵌즉, 예를 받들어 융숭히 대우해 주시고 중히 총애하여 하사품을 거듭 내려 주시니 감사함에 겨를이 없거늘 어찌 감히 번거롭게 해드리겠습니까. 오직 방략(책봉)을 받들어 이행한다는 것만은 끝내 숨기기 어려웠고, 어제 이미 육조(六曹)를 만나 그 뜻을 갖추어 말하였습니다. 다만 통역하는 말로는 능히 실정을 두루 통할 수 없어 조심스럽게 종이에 모두 써서 알려 주었습니다.

귀국의 경우 일본군이 침범한 이래로 천조에서는 사정에 따라주지 않음이 없으니 예를 들어 지난번 천조에 구원을 청하니 곧바로 군사를 내어 구원하러 왔으며, 군사가 부족한 것을 보고서 즉시 소모(召募)를 행하였는데 후하게 지급하여 해결하려 해서 호궤(犒饋)와 포상으로 매달 소요하는 동전과 양곡이 헤아릴 수 없이 많았습니다. 지금 일본군이 아직 물러가지 않았고, 천조에서 또한 귀국을 위하여 장수를 선발하고 군사를 훈련하여 응원하기를 기다리고 있습니다. 다만 군대의 행량(行糧)은 반드시 귀국에 의지해야 하기에 손 노야가 이미 수차례 자문으로 물어보았습니다. 지금 본직이 왕 동지와 함께 다시 (손 노야의) 헌격(憲檄)을 받들어 (황제의) 명지(明旨)를 준수하여 나아가 비축한 내역을 조사하고 상의하였으니 무더운 시기에 먼 길을 떠나와 바람으로 빗질을 하고 빗물로 목욕하며 귀국과 함께 걱정하며 협력하

7) 왕이길(王狨吉, ?~?)이다. 그의 이름은 실록과 문집에서 산견된다. 『宣祖實錄』卷75, 宣祖 29年 5月 癸酉(7日); 申欽, 『象村集』卷57, 天朝詔使將臣先後去來姓名記自壬辰至庚子, 册使標下官 "王徔吉 陝西人 丙申 以山東兗州府同知管自在州知事出來 禁約撥軍 拿送逃兵甚多 後又以管糧留黃海道 久而乃回".

여 대사를 같이 도우려 하지 않음이 없습니다. 이미 또한 (황제께서) 손 노야에게 「속히 말먹이와 군량을 넉넉히 쌓도록 하여 우리 군사가 구원하기를 기다리라고 하라. 천조에서 반드시 수천 리를 뛰어넘어 식량을 전운(轉運)하면서까지 저들을 위해 전수(戰守)할 이치는 없다」라는 칙유를 내려 귀국에 전유(傳諭)하도록 했습니다. 이를 받들고 이어서 (손 노야께서) 본직에 「재삼 마음을 다해 처리하고 어긋남이 있어서는 안 될 것이다」라고 문서를 보냈습니다. 또한 왕 동지를 만나 「다만 양료(糧料)만을 취하여 볼 때 청책(淸册)[8] 상으로는 6, 7만 석에 지나지 않으니 장차 어찌 명군[大兵]에 보급해 줄 수 있겠습니까?」라고 회답했습니다. 명군[大兵]은 귀국에서 이와 같이 (곡식을) 소모할 수 없을 것이라 걱정하고 있습니다. 그래서 실제로 백성이 곤궁하고 재물이 다했더라도 반드시 독책하여 귀신이라도 운반하도록 할 것이지만 본직은 역시 이와 같이 고집하지는 않습니다.

다만 왕 동지는 문신이고 또한 본주(本州)[9]의 공무가 매우 많은 까닭에 문서로만 애쓰다가 무심히 떠나 버렸습니다. 지금 본직은 무변(武弁)의 부류여서 실제 현장에서 일어나는 일에 힘쓰고 있고 다시 우러러 손 노야를 본받아 귀국 국왕과 더불어 마음을 다하여 반드시 자세한 사정을 의논해 처리하여 융통성 있게 접제하고자 하니, 관소로 하여금 말먹이와 군량을 구원병의 수요에 충족시키도록 해야 바야흐로 회보할 수 있을 것입니다. 그렇게 하지 않으면 본직이 어찌 손 노야에게 다시 보고하고 손 노야가 어찌 성천자(聖天子)에게 주복(奏覆)할 수 있겠습니까. 천조가 구원하려는 뜻을 저버리는 것일 뿐만이 아니니 피차간 체면을 어찌 보존할 수 있겠습니까. 귀국은 본디 공순하였고 또한 추수가 가까우니 끝내 선처해 주실 것이라 생각합니다. 또

8) 수량 등을 기입한 장부이다.

9) 왕이길이 지사(知事)로서 임무를 맡은 산동(山東) 연주(兗州)를 가리킨다.

한 천조는 군대와 재정에 대해서 오히려 여전히 조금의 양초(糧草)를 아끼지 않는데 귀국은 어찌 유독 아끼기만 하고 힘써 천자의 명을 받들 것을 생각하지 않겠습니까. 이전에 본직이 좁은 소견을 갖추어 상람(上覽)하도록 했던 것은 감히 국정을 간섭하려는 것이 아니고 특별히 며칠 전 상황이 다급해지고 의리가 간절해 같은 배를 타고 고락[休戚]을 같이 하듯이 서로 관계되기 때문이었습니다. 또한 손 노야의 유시를 받들어 다방면으로 대처하도록 힘쓰려 한 것이고 따라서 스스로 예상해서 함부로 저의 어리석음을 다한 것이 아닙니다. 지금 사체(事體)가 조금 달라져 다시 여기서 좀 더 나아간다면 식량을 차마 억지로 거둘 수 없기에 혹은 남는 것과 부족한 것으로 서로 곡식을 무역(貿易)하여 비용을 준비하거나, 혹은 문무사민(文武士民)의 뜻에 따라 곡식을 모아 서로 돕도록 할 수 있으니 비록 얻는 바가 얼마 되지 않더라도 천조에서는 남김없이 최선을 다하려는 뜻을 분명하게 알게 되어 혹시라도 뜻밖에 더해지는 것이 있을 수도 있는 것입니다. 다만 필요로 하는 곡식을 산동에서 해운으로 옮기고 있는데 바람과 물이 조용히 가라앉지 않아 애타게 군량을 기다리는 부대에 실로 불편함이 있습니다.

군사는 반드시 타국에서 구하여 객병에게 지공할 필요가 없는 것이고 전사(戰士)를 후히 위로하여 정교하게 훈련시킨다면 구원에 의지하지 않고 스스로 능히 보전할 수 있는 것입니다. 이것이 자강의 방법이니 마땅히 잠시의 여유를 틈타 속히 도모해야 할 바입니다. 그런데 군사훈련을 늦출 수 없지만 군량은 더욱 늦출 수 없습니다. 대개 한때만 군사를 훈련시켜서는 믿기 어렵고 오직 훗날의 방비가 되도록 하고서 남는 양식으로 원병을 불러야 실로 목전의 위급함을 풀 수 있습니다. 혹시 일을 늦추어서 군사를 훈련시키고 군량을 다 준비하지 못하다가 하루아침에 경급한 일이 생긴다면 오합지졸을 쓰기 어려울 것은 말할 것도 없고 겨우 끼니를 대운 군사가 어찌 강한 적을 당해내며 멀리서 구원하러 온 군사가 어찌 평소와 같이 먹겠습니까. 팔짱만 끼고 죽음을 기다리고 있다면 그 근심을 어찌 말로 할 수 있겠습니까. 고로 군량을 준비하는 일은 군사를 훈련하는 일과 견주어 볼 때 더욱 시급한 것입니다.

지금 국왕은 일본이 반드시 물러날 것이라 여기십니까. 또한 물러나 반드시 다시 오지 않을 것이라 여기십니까. 과연 물러나 다시 오지 않는다면 군량은 그대로 귀국에 있을 것입니다. 제왕은 곡식을 귀하게 여기고 돈을 천하게 대한다고 하였는데, 왕께서는 어찌 무역으로 (곡식을) 저축하는 일이 쓸데없을 것이라 우려하십니까. 과연 물러가지 않거나 물러갔다가 다시 오는 경우에는 무역으로 (곡식을) 저축하는 일이 느슨해질 것을 더욱 염려해야 하거늘 하물며 책임을 떠넘기고 털끝만큼도 돌보지 않으려함에 대해서야 말해 무엇하겠습니까. 그리고 가령 귀국이 천조에 구원을 요청하였는데 천조에서 응하지 않는다면 귀국은 편하겠습니까. 지금 천조에서 여러 번 명지를 내려 귀국에서 군량을 준비하여 원군에 대비하도록 하였는데 귀국이 힘써 그 명을 받들려 하지 않으니 천조가 편하겠습니까. 이는 본직이 진심을 토로하고 충성을 다하여 국왕께 한 번 부르짖는 외침입니다.

삼가 바라건대 깊이 생각하시고 상세히 의논하시어 호조에 미리 (전하의) 결정을 내리심으로써 전보(轉報)하게 하소서. 그럼에도 구구한 바람은 다만 (일본) 책봉이 이루어져 전쟁이 끝나고 태평을 마음껏 누린다면 다행이겠거니와 잠시의 여유를 틈타 군사를 훈련시켜 나라에 넉넉히 강성함이 생긴다면 더욱 다행이겠습니다. 군량을 준비하여 원군에 대비함에 이르러서는 실로 부득이한 형세에서 나온 것이니 오직 국왕께서 살펴 주소서. 「권려가」는 스스로도 경망스럽고 외람되다는 것을 알고 있으나 실로 귀국의 강병(强兵)을 위한 계책이 될 것입니다. 다만, 본직의 인품이 가볍고 언사도 보잘 것 없어 족히 불리지 않을 것이나 원컨대 국왕께서 운(韻)을 내려 화답하여 아름다운 소리가 낭랑하게 떨쳐 (도성) 내외로 퍼진다면, 더욱 사민(士民)으로 하여금 발돋움하여 바라보고 주의 깊게 듣게 할 것이니 (제게는) 더욱 영광이겠습니다. 자질구레하게 아뢰어 번거롭게 해 드렸습니다. 삼가 밝게 살펴 주시기를 빕니다. 이만 줄입니다.

2. 回揭
4b-6a(164~167쪽)

不穀, 守藩亡狀, 橫被寇災, 國已喪矣, 蒙荷聖天子異恩, 保全餘燼, 得至今日, 小邦數千里含生負氣之類, 尙存喘息, 秋毫皆帝王也. 今又大人奉明旨承憲檄, 以終始拯濟小邦, 爲已任惓惓, 於足食·足兵兩件事, 前後誨諭, 不一而足顧, 不穀何以得此感激銘骨, 誠不知所以稱報也. 盖此賊於小邦, 有萬世必報之讎, 而其兇狡之甚, 委所叵測, 今雖有撤去之形, 而難保其盡撤, 設或然矣, 隔海相望, 再来何難. 在小邦今日之計, 固無急於大人之所指教者矣. 第以小邦自來, 土瘠生穀不敷, 而公私之積, 又既蕩失於兵火之中. 上年禾穀, 雖幸稍稔, 而耕者旣尠, 所得無幾, 調度經費之需, 皆倚辦於全羅·忠淸兩道, 而今亦力竭矣. 不穀與羣臣, 夙夜焦思, 百分籌度, 以至販魚塩賣官職, 無所不爲, 而得零星, 不足以贍給大軍. 所覬者, 西成不遠, 年穀若又小豐, 則當括借民間, 銖合寸拾, 以爲萬分一之圖矣. 伏見, 貴府勸勵之不足, 又形諸歌詠, 非至誠惻怛, 何以及此. 諷誦之間, 自令人感奮流涕, 奚啻得一書, 賢於十部從事者耶. 即小邦之人, 雖愚昧無識, 亦知死亡之可惡, 生全之可樂, 豈有占恡其難保之財穀, 而自就死亡之地者乎. 日者, 聞大兵將出, 陪臣文武, 已議割俸助糧，都城之民，亦願出粟供軍，而總計不過數百餘斛，據此一事，足見小邦財力之已屈，而其情亦可哀也．目今，貴府詩歌，激勵尤至，情詞俱到，唯此一篇，足以勸趋一國之民，而自盡其力，不須更煩贅辭．已令有司大書精刻，印出數百本，散布域中，早晚當更，委候分付．統惟鑑亮．

불곡(不穀)[10]은 번방(藩邦)을 지킴에 형편없어 걸리 도둑들에게 재앙을 입고 나라를 이미 잃어버릴 지경에 이르렀으나 천자의 특별한 은혜에 힘입어 난리에서 살아남은 인민을 보전하고 오늘날에 이를 수 있었으니 소방(小邦)의 수천 리에 생명을 머금고 기운을 지니고 있는 부류들이 아직까지 살아 잠시 쉴 수 있는 것은 추호도 모두 제왕의 덕 때문이었습니다. 지금 또한 대인께서 명지를 받들고 헌격을 받들어 끝까지 소방을 구제하려 이미 임무에 충성스러웠으니 족식(足食)·족병(足兵)의 두 건에 있어서 전후로 깨우쳐 주셔서 여러 번에 걸쳐 족히 돌아볼 수 있었으니 불곡이 어찌 이에 감격하여 뼈에 새기면서도 진실로 보답할 바를 모를 수 있겠습니까. 대개 이 적은 소방에게 만세토록 반드시 보복해야 할 원수이며 그 흉악함과 교활함이 심하기가 실로 헤아리기 어려워 지금 비록 철수하려는 정형이 있다고 하더라도 모두 철수한다고 보장하기 어려우며 설혹 그렇다 하더라도 바다를 사이에 두고 서로 마주보고 있으니 다시 오는 것이 무엇이 어렵겠습니까. 소방의 오늘날 계책에서는 진실로 대인께서 지적하고 가르쳐 주신 것보다 더 급한 것이 없습니다.

---

10) 곡(穀)은 선(善)하다는 뜻이다. 『詩經集傳』卷18, 大雅, 桑柔 "穀善 谷窮也". '선하지 못한 내가'로 풀 수 있고, 또 일각에서는 곡식은 사람이 기르는 물건인데 국왕 자신은 백성을 잘 기르지 못하여 곡식보다 못하므로 불곡으로 칭했다고도 한다.

다만 소방은 자고이래로 토질이 척박하여 나는 곡식이 충분하지 않고 공사(公私)간의 비축 또한 이미 전란 중에 탕갈되었습니다. 작년에는 벼가 다행히 조금 풍년이 들었으나 경작자가 이미 적어 거둔 바가 얼마 되지 않았고 조도(調度)[11]해야 할 경비의 수급은 모두 전라·충청 두 도에서 마련했으나 지금은 역시 힘이 다했습니다. 불곡은 여러 신하들과 함께 밤낮으로 고심하며 백분(百分) 헤아려 어염(魚鹽)을 거래하고 관직을 파는 등 안 하는 일이 없는데 이르렀으나 얻은 것이 보잘 것 없어 족히 대군에 넉넉히 보급할 수 없었습니다. 바라고 있는 것은 가을걷이가 멀지 않았다는 것인데 연 수확이 만약 또한 조금 풍년이라면 마땅히 민간에서 거두어 모아 조금이라도 수습하여 만분의 일만큼이라도 도모하려 합니다. 삼가 보건대 귀부(貴府)는 부족함을 격려하고 또한 노래 속에 드러내기도 했으니 지성으로 가여워함이 아니라면 어찌 여기에까지 미치겠습니까. 노래를 읊는 동안 저절로 사람들로 하여금 감격하여 눈물을 흘리게 하시니 어찌 편지 한 장을 얻는 것이 10부의 관원들보다 낫다고 할 뿐이겠습니까.[12] 그런즉 소방의 사람들이 비록 우매하고 무식하기는 하나 또한 죽는 것을 싫어하고 생명을 보전하는 것을 기뻐할 줄 아나니 어찌 지키기 어려운 재곡(財穀)을 아껴 스스로 죽는 지경으로 나아가겠습니까. 저번에 명군이 장차 출동할 것이라 듣고 문무의 배신이 이미 녹봉을 나누어 군량에 보탤 것을 의논하였고 도성의 백성도 곡식을 내어 군량미로 바칠 것을 바랐으니 그 합계가 수백여 곡(斛)[13]에 불과하지만 이 한 가지 일에 의거해 보건대 소방의 재력이 거의 소진되었고 그 사정이

11) 절도 있는 범위 내에서 조발한다는 의미이다.

12) 훌륭한 편지의 유용함을 언급할 때 쓰는 고사이다. 유홍(劉弘)이라는 사람이 형주자사가 되었을 때 창고를 열어 구호 곡식을 나누어 줄 때마다 관할 지역 장관들에게 손수 간곡하게 편지를 보내자 모두들 유공의 편지 한 장을 얻는 것이 10부의 관리들을 얻는 것보다 낫다고 하였다. 『晉書』 卷66, 劉弘列傳.

13) 1곡(斛)은 10말이다.

역시 가히 불쌍히 여길 만하다는 것을 족히 알 수 있습니다. 지금 귀부의 시가는 격려함이 더욱 지극하고 아끼는 내용이 온전히 갖추어져 오직 이 한 편만으로도 족히 일국의 백성을 권면하여 스스로 힘을 다하도록 할 만하니 다시 여러 말 할 것이 없습니다. 이미 유사(有司)에 명하여 큰 글씨로 정교하게 새겨 수백 본을 인출해서 나라 안에 배포하게 했고 조만간 고쳐야 할 곳은 마땅히 분부를 기다리도록 하겠습니다. 두루 헤아려 살펴 주시기 바랍니다.

3. 楊天使揭[14]

6a-6b(167~168쪽)

不佞, 駐節海濒, 相距迢遆, 久未遣[15]一介行李, 敬候動定. 雖常籍便, 羽寄尺一, 終不能盡鄙念也. 近淸正歸島焚營, 及釜山安靖情狀, 想賢王已悉聞報, 不俟言贅. 頃都中人至, 知朝廷意堅, 前約必竣封典, 此亦兩國之幸也. 昔沈遊擊咨取陪臣, 不知賢王能然諾否. 不佞, 以理揆之, 册使旣往, 而陪臣從之, 良不爲詘, 爲貴國計, 且有益而無損. 卽詘於一時, 信於百世, 古人爲之, 况今未至于詘也. 賢王其熟思之. 特此敬顓, 通官朴義儉, 代候福履, 縷縷之私, 屬義儉口頰中, 可容本官面啓. 諸[16]不多及.

불녕(不佞)[17]은 해안가에 머물고 있어 서로의 거리가 아득히 멀기만 하여 오랫동안 아직 한 사람의 사신[18]도 보내지 못하고 공손히 안부를 여쭙니다.

---

14) 『선조실록』에도 관련 기사가 실려 있다. 『宣祖實錄』 卷76, 宣祖 29年 6月 庚戌(14日). 양 천사는 책봉사 양방형(楊方亨, 1574~1615)이다. 이때 부사(副使)의 직임을 맡았다.

15) 『宣祖實錄』에는 '未見'으로 되어 있다.

16) 『宣祖實錄』에는 '諸'가 없이 '不多及'으로만 기술되어 있다.

17) '재능이 없다'는 뜻으로 자신을 겸손하게 지칭하는 표현이다.

18) 원문에는 '未遣一介行李'라고 되어 있다. 일개행리(一介行李)는 춘추시대 양공(襄公) 8년 "군(君)이 토벌하겠다는 초(楚)나라의 명을 받고도 한 사람의 사신도 과군에게 보내 고하지 않았다(『春秋左氏傳』

비록 항상 인편에 의지하여 편지 한 통을 부쳐 드리곤 했지만 끝내 제 생각을 다하지 못하였습니다. 요즈음 기요마사[19]가 섬으로 돌아갈 때 군영을 불태워 부산이 안정되기에 이르렀다는 정상에 관해서 현왕께서는 이미 모든 소식을 들어서 아실 것이므로 더는 말씀드리지 않겠습니다. 지난번 도성의 사람이 와서 조정의 뜻이 굳건하여 반드시 이전의 약속대로 봉전(封典)을 마치려는 것을 알게 되었으니 이는 또한 양국의 다행입니다. 예전에 심유격[20]이 자문을 보내 배신을 데려가겠다고 하였는데 현왕께서는 능히 그렇게 허락하셨는지 모르겠습니다. 불녕이 사리로 헤아려 보건대 책사(冊使)가 이미 가는데 배신이 따르는 것은 진실로 굽히는 것이 아니며 귀국을 위한 계책으로 또한 이익은 있되 손해는 없을 것입니다. 곧 한때 굽혀 백대(百代)를 펴는 것은 옛 사람이 행한 것이니 하물며 지금 아직 굽히지도 않은 때이겠습니까. 현왕께서는 깊이 생각하소서. 특별히 이에 삼가 통관(通官) 박의검(朴義儉)에게 대신 문안을 여쭙도록 하였고 상세한 저의 생각은 박의검이 구두로 말씀드리도록 하였으니 본관(박의검)이 면대하여 아뢸 것을 허락해 주십시오. 미처 다 말씀드리지 못합니다.

"君有楚命 亦不使一个行李 告于寡君")."라고 한 지무자(知武子)의 말에 보인다. 이에 두예(杜預)는 '一介'는 사신으로 그리고 '行李'는 행인(行人)으로 해석했다.

19) 원문에는 '淸正'이라고 기재되어 있다. 가토 기요마사(加藤淸正, 1562~1611)를 가리킨다.

20) 심유경(沈惟敬, ?~1597)이다.

4. 回揭[21)]

6b-7b(168~170쪽)

緬惟，海上風土殊異，炎瘴又甚，不穀，每念動靜，自不安於寢食也．即目，恭承芝札，德音孔昭．仍面詢譯史，具悉邇來台候神相，萬重感慰交并，不容于心．清正歸島焚營，及釜山安靖，莫非貴府鎭定周旋之力，不穀，尤嘆仰不已．示喩渡海陪臣一事，嚮准沈遊府咨，不穀，旣以日本先絕鄰好，禍及丘墓，羞戴一天，理難相通之意，復之．其後，貴府同正府移咨，詞意丁寧，不穀，方與陪臣計議間，因正府出營而遂寢，今又貴府揭諭，至此．竊念，貴府以皇命之重，將涉鯨波不測之地，不穀，差一箇陪臣，奉護行李，事體當然，其損益屈信，非所暇論．但頃准遼東咨，該兵部題議，索要陪臣，非勅書所載，已行檄拒之，兵部題議，旣已如此，似難擅便．況今小邦亦已具本陳奏，不久當有天朝定奪，且待沈遊府回還，彼中事情，當益加研審，可以隨便議處．事係重大，不敢率爾承命，罙增悚懼．幸乞貴府更查倭情，當於幾時盡撤，及旌節渡海，的在何日，明白分付，使小邦得以遵行幸甚．餘在譯史面稟．統惟盛亮．

21) 본 문서는 『선조실록』에도 관련기사가 실려 있다. 『宣祖實錄』 卷76, 宣祖 29年 6月 庚戌(14日).

멀리 생각하건대 바닷가의 풍토가 다르고 무더위 또한 심할 것이니 불곡은 매번 안부를 생각할 때마다 저절로 자고 먹는 것이 편치 않습니다. 곧바로 보내 주신 서찰을 공손히 받들어 보니 덕음(德音)이 크게 빛났습니다. 이어서 역관을 면대하여 물어보니 근래 안부를 신명이 보살피고 있다는 소식을 모두 알게 되어 만 겹으로 감격과 위로가 교차하니 마음에 다 담을 수가 없습니다. 기요마사[22]가 섬으로 돌아가며 진영을 불사른 것과 부산이 안정된 것은 귀부[23]가 진정하고 주선한 힘이 아닌 것이 없었으니 불곡은 더욱 감탄하고 우러러 마지않습니다. 일러주신 도해할 배신에 관한 일은 저번에 심 유부[24]의 자문을 받고, 불곡은 이미 「일본이 먼저 화호(和好)를 끊고 화가 구묘(丘墓)에 미쳤으므로 한 하늘을 지고 사는 것을 부끄럽게 여기니 이치상 상호 통하기가 어렵다」는 뜻으로 답하였습니다. 그 후 귀부와 정부(正府)[25]가 이자(移咨)하니 말의 뜻이 간곡하였으므로 불곡이 이제 배신과 함께 계획을 의논하는 사이에 정부가 일본군 진영을 탈출하여 마침내 (책봉사의 도해가) 중지됐다가 지금 또한 귀부가 게첩으로 우시하여 이에 이르렀습니다. 삼가 생각건대, 귀부는 황명의 엄중함으로 장차 큰 파도가 치는 알 수 없는 곳으로 건너가게 되었으므로 불곡이 일개 배신을 보내 사신을 받들어 수행하는 것은 그 사체가 당연하여 그 손익과 굴신(屈伸)을 따질 겨를이 없습니다. 다만 지난번 요동의 자문을 받으니 병부에서 제본을 올려 의논하여 (일본으로 보낼) 배신을 요구했으나 (조선에서는) 칙서에 실린 바가 아니었기에

22) 원문에는 '淸正'으로 기재되어 있다. 가토 기요마사를 지칭한다.

23) 양방형을 지칭한다.

24) 심유경이다.

25) 명의 책봉정사 이종성(李宗城, 1560~1623)을 가리킨다. 1596년 4월 일본군 진영을 탈출했다. 이에 관해서는 김문자, 2012, 「豊臣秀吉의 册封問題와 壬亂期의 講和交涉」, 『중앙사론』 36, 중앙사학연구소, 269쪽; 김경태, 2014a, 『임진전쟁기 강화교섭 연구』, 고려대학교 박사학위논문, 168쪽 참조.

이미 격문(檄文)을 보내 거절했으니 병부에서 제본을 올려 의논한 것이 이미 이와 같다면 마음대로 할 수 없을 듯합니다. 하물며 지금 소방은 또한 이미 주본(奏本)을 갖추어 아뢰었으니 오래지 않아 마땅히 천조(天朝)의 결정이 있을 것이고, 또한 심 유부가 돌아오기를 기다리면 마땅히 저들 사정을 더욱 깊이 살펴 편의에 따라 의논해서 처리할 수 있을 것입니다. 일이 중대하므로 감히 경솔하게 명을 받들지 못하니 점점 더 송구해집니다. 행여 귀부가 다시 일본의 사정을 조사하여 어느 때에 모두 철수하는지 그리고 정절(旌節)[26]이 바다를 건너는 것은 정확히 어느 날인지를 명백히 분부하여 소방으로 하여금 준행할 수 있게 한다면 매우 다행이겠습니다. 나머지는 역관에게 면대하여 여쭐 것입니다. 두루 잘 헤아려 살펴 주시기 바랍니다.

26) 사신들이 들고 다니던 깃발(旌)과 부절(符節)을 말한다. 원문에서는 사신의 행차를 지칭한다.

5. 都司咨令本國查處備倭兵粮等項
7b-9b(170~174쪽)

遼東都指揮使司,

爲 遵旨會議 事.

本月二十一日申時, 蒙欽差總督薊遼保定等處軍務兼理糧餉經略禦倭都察院右都御史兼兵部右侍郎孫憲帖.

准兵部咨.

該吏部等衙門會議, 揭送到部.

該兵部覆議.

合無將薊遼重兵, 日加訓鍊, 用放鴨綠, 成虎豹在山之勢, 而以輕銳之兵, 或五六千員名, 近倭處阨其要害. 仍令朝鮮, 自加奮勵, 選將·鍊兵·修屯·足餉, 豈無勝兵出犮. 且朝鮮素號守禮之邦, 重廉恥之俗, 嚴禁我兵秋毫無犯, 旣可以得其心. 雖我兵資其屯餉, 省其內運, 如諸葛之雜居渭濱, 魏民安堵如故, 勿止以禁約之文了事而已. 等因.

具題, 節奉聖旨.

仍選謀勇將，領量帶精兵，申嚴紀律．前往朝鮮恊同教鍊士卒·固守險隘．還着薊遼総督，作速傳朝鮮國王，令其厚積蒭糧，以待我兵救援．天朝必無越數千里，轉餉爲彼戰守之理．

欽此．欽遵．備咨．

准此．卷查，萬曆二十二年十月內，先准國王咨稱，近日召募軍兵，可中戰用．第本國原無師法教鍊，請討技藝閑熟人員，督發訓鍊緣由．准經揀選遊擊胡大受，并先發千把總·兵士陳良璣等，遣發教鍊訖．續于二十三年十二月內，據遼東都司呈．

准該國咨．

據各管鍊陪臣啓稱，各處新兵·民壯，習學師法，頗會操演，已有成效．乞將各員役，取回叙續緣由．

又據該司呈．

准該國咨稱，鍊兵員役，種種索詐，各府縣最受其獘，民不聊生．乞行查禁各緣由．

到本部院．據此．已將教鍊官兵，盡行撤回，並將玩法官兵朱文宗·曹忠等，拿發永平道究問矣．及近該本院部看得，倭奴久住釜山，但恐爲謀叵測，節經行令遼東都司，轉咨該國，設備水陸兵馬·船隻，扼其險要，俟天兵到彼，相爲犄角．仍令各館，預備蒭糧，採取秋靑，以備冬月．去後，今准前因，擬合查行．爲此，帖仰該司官吏，照帖備該部題奉欽依事理，卽便備云，移咨朝鮮國王．查照將該國水陸官兵，嚴加訓鍊，分發險要處所防禦，遇有倭警，一面堅守，一面要俟天兵至日，恊力夾攻，以收全勝．并行令各該陪臣，于各館預備蒭糧，以待援兵應用，及趂時採取秋靑，以備冬月馬匹食用．仍先取備過糧數，及應防險要幾處，作速册報本院部. 查考其該國見有强兵若干, 願否仍選謀勇將領帶兵前往該國教鍊, 一併明白回報. 俱毋違錯未便.

蒙此. 擬合就行. 爲此, 合咨前去, 貴國煩爲查照憲牌·咨內事理, 逐一查明造册, 回咨前來, 以憑立等轉報施行. 請勿遲緩. 須至咨者.

右咨朝鮮國王.

萬曆二十四年五月二十二日.

발신: 요동도지휘사사

사유: 성지(聖旨)를 준행하여 회의한 일입니다.

[요동도지휘사사] 이달 21일 신시에 흠차총독계료보정등처군무겸리양향경략어왜도찰원우도어사겸병부우시랑 손(孫)[27]의 헌첩(憲帖)을 받들었습니다.

[손광] 병부(兵部)의 자문을 받았습니다.

[병부] 이부(吏部) 등의 아문에서 회의한 것에 대한 게첩이 부에 이르렀습니다.

[이부 등 아문] 병부에서 복의(覆議)하였습니다.

[병부] 계주(薊州)와 요동(遼東)의 중병(重兵)들을 날마다 훈련시킨 뒤 압록강 일대로 파견하여 호랑이와 표범이 산속에 버티고 있는 듯한 형세를 이루게 하고 가벼운 차림의 정예군 5~6천 명가량을 일본군이 주둔하는 곳 근처로 보내어 그 요해처를 틀어쥐게 하는

27) 손광을 이른다.

것이 어떨까 합니다. 아울러 조선으로 하여금 스스로 장수를 뽑고 군대를 훈련시키며, 주둔지를 수선하고 군량을 충분히 마련하는 데 힘쓰게 한다면 어찌 쓸만한 군대[勝兵]가 되지 않겠습니까. 또한 조선은 평소부터 예의를 지키는 나라로 불렸고 염치를 중히 여기는 풍속이 있으니, 우리 군사가 털끝만큼도 범하지 못하도록 엄히 금한다면 그들의 인심을 얻을 수 있을 것입니다. 비록 우리 군사가 그들의 둔향(屯餉)을 이용하면서 내지에서의 군량 운송을 살핀다고 하더라도 제갈량이 위빈(渭濱)에서 함께 지낼 때도 위나라 백성들이 이전과 다름없이 편히 지냈던 것같이 해야 하니, 금단할 것을 약속하는 일이 문구에 그쳐서는 안 됩니다.

[이부 등 아문] 제본으로 갖추어 올려 다음과 같은 성지를 받들었습니다.

[만력제] 그대로 잘 가려 뽑은 용장(勇將)으로 하여금 정예병을 적절히 거느리게 하고 기율은 더욱 엄하게 하라. 조선에 가서 협동하여 군사들을 교련시키고 험한 요새지를 굳게 지키라. 또한 계료총독으로 하여금 속히 조선국왕에게도 전하여, 그가 말먹이와 군량을 넉넉히 쌓아두고 우리 군대의 구원을 기다리게 하라. 천조가 수천 리에 걸쳐 군량을 운반해가며 저들을 위하여 전수해야 할 이치는 결코 없다.

[이부 등 아문] 이와 같이 공경히 받들어 준행해야 하겠습니다. 자문을 갖추어 보냅니다.

[병부] 이를 받고 관련된 문서를 조사해 보니, 만력 22년(1594) 10월에 앞서 받은 국왕의 자문에 「근래 불러 모은 군사들은 전장에서 쓸 만합니다. 다만 본국에는 원래 군대를 훈련시키는 사법(師法)이 없으

니, 청컨대 기예를 잘 익힌 인원을 찾아서 파견하여 훈련하게 해 주십시오」라는 내용이 있었습니다. 이를 받고서 이미 간택해 놓은 유격(遊擊) 호대수(胡大受)와 천총(千總) 진양기(陳良璣)를 비롯하여 미리 뽑아 둔 천총·파총(把總)·병사(兵士)[28]들을 파견하여 훈련시키도록 했습니다. 이어서 (만력) 23년(1595) 요동도지휘사사의 정(呈)을 받았습니다.

[요동도지휘사사] 그 나라의 자문을 받았습니다.

[조선국왕] 훈련을 관장하는 각 배신들로부터 받은 장계에서 「각처의 신병(新兵)과 민장(民壯)이 사법을 익히도록 했는데, 자못 모여서 훈련하더니 이미 성과를 내고 있습니다. 바라건대, 각 원역(員役)들을 모아서 계속 훈련시키도록 하십시오」라고 했습니다.

[병부] 다시 해사(該司)의 정을 받았습니다.

[요동도지휘사사] 그 나라의 자문을 받아 보니, 「군대를 훈련시키는 원역들이 종종 공갈 놓으니 각 부(府)·현(縣)이 그 폐를 가장 많이 입고 있어서 백성들이 살아갈 수 없습니다. 바라건대 조사하여 금지시켜 주십시오」라는 내용이었습니다.

[손광] 본부원(本部院)에 도착했습니다. 이를 받고, 이미 군대를 훈련시키는 관원과 병사들을 모조리 철수시켰고 아울러 법을 능멸한 관병 주문종(朱文宗)과 조충(曹忠)을 붙잡아 영평도(永平道)에서 구문(究問)하였습니다. 근래에 본부원이 보건대, 일본군이 부산(釜山)에 오랫동안 머물고 있는데 음모를 헤아릴 수 없어 염려되므로 여러 차례 요동도지휘사사로 하

28) 본 문장은 '천총·파총·병사 진양기 등'으로 직역할 수 있지만, 문맥에 맞게 일부 수정했음을 밝힌다. 조선측 기록에 나타난 진양기의 직함은 천총이다. 『宣祖實錄』 卷60, 宣祖 28年 2月 己巳(26日).

여금 그 나라에 자문을 전하게 하여 수륙의 병마(兵馬)와 선척(船隻)을 갖추고 험한 요새를 가로막으면서 천병(天兵)이 그곳에 다다르기를 기다렸다가 서로 기각지세를 이루도록 하였습니다. 그리고 각 관사로 하여금 미리 말먹이와 군량을 갖추고 가을철의 푸른 풀을 채취하여 겨울철에 대비하게 했습니다. 그러고 나서 이번에 앞의 일로 자문을 받았으니 마땅히 조사해야 하겠습니다. 이에 해사의 관리에게 첩(帖)을 내리니, 첩 안에 갖춘 해부(該部)에서 제본을 올려 받든 성지의 사리를 살펴서 즉시 사리의 내용을 갖추어 조선왕에게 자문을 보내십시오. 그 나라의 수륙 관병을 조사해서 엄히 훈련하고 험요한 곳에 나누어 배치하여 방어하게 하고, 일본군의 경보가 있으면 견고하게 지키는 한편, 천병이 도착하기를 기다리다가 힘을 합쳐 공격하여 전승(全勝)을 거두게 하십시오. 아울러 각 배신에게 문서를 보내어 각 관사에 말먹이와 군량을 미리 갖추어 원병이 오면 마땅하게 운용하도록 하고 또한 적시에 가을철의 푸른 풀을 채취하여 겨울철 말먹이로 쓸 수 있도록 하십시오. 덧붙여 우선 비축해 둔 군량의 수효와 응당 방어해야 할 험한 요새지가 몇 곳인지 속히 책자로 만들어 본부원에 보고하게 하십시오. 현재 그 나라에 강한 병사가 얼마나 있는지 조사하고 지모와 용력 있는 장수를 정선해 (그들이) 군대를 이끌고 그 나라에 가서 교련하기를 원하는지의 여부도 모조리 명백하게 회보하십시오. 어느 하나도 어그러져서 불편하지 않도록 하십시오.

[요동도지휘사사] 이를 받들고 헤아려 보건대 마땅히 곧바로 시행해야 하겠습니다. 이에 마땅히 자문을 보내오니, 번거롭겠지만 헌패와 자문 안의 사리를 조사하여 살펴서 일일이 명백하게 조사하고 책자로 만들어 회자로 보내 이를 근거로 바로 전보(轉報)하게 해 주십시오. 청컨대, 지연시키지 마시기 바랍니다. 자문이 잘 도착하기를 바랍니다.

이 자문을 조선국왕에게 보냅니다.

만력 24년 5월 22일.

6. 回咨
9b-18a(174~191쪽)

朝鮮國王,

(爲)[29] 遵旨會議 事.

本年六月初六日, 准遼東都指揮使司咨, 云云. 立等轉報施行. 等因. 准此. 查照, 先該本年四月十六日, 准本司咨.[30]

蒙欽差總督薊遼保定等處軍務兼理糧餉經略禦倭都察院右都御史兼兵部右侍郎孫憲牌.

近該本院部題議, 釜倭尙未盡退, 恐有變動, 臨期難以應猝. 查前兵部原題, 各鎭援兵, 又議添遼東, 共合三萬三千之數, 俱用馬兵. 各選委參·遊官, 統領訓鍊, 遇有倭警, 聽候調遣. 等因. 具題外, 爲照, 前項兵馬調援朝鮮, 其每日喫用糧草, 應於彼國備辦相應. 預行査處, 免致臨期有悞. 爲此, 牌仰該司官吏, 照牌事理, 卽便備云, 移咨朝鮮國王, 速行該國陪臣, 預備糧草, 務足三萬三千兵馬半年支用. 卽

29) 원문에 '爲'가 없으나 누락 내지는 생략된 것으로 보인다.

30) 본 자문은 『선조실록』에도 일부 실려 있다. 『宣祖實錄』 卷74, 宣祖 29年(1596) 4月 壬子(16日). 단, 곳곳에 약간의 차이가 있다.

今要見某館見貯糧若干·草若干，可供前項兵馬幾箇月支用，如或不足，作何設處. 仍俟夏·秋之間，多方採取秋青草束，以備冬間馬匹食用，不致臨機有悞. 該司差人守取該國各館，見備糧草，各數目報册備照，仍行令該國，遵照節奉明旨，揀選水陸官兵，時加訓鍊，遇有倭警，卽行防禦，待天兵到日，互爲掎角，以取全勝，不得全仰天朝. 等因

准此. 隨該本日，准本司咨.

蒙欽差總督薊遼保定等處軍務兼理糧餉經略禦倭都察院右都御史兼兵部右侍郎孫憲牌.

照得，倭奴雖乞封，久住釜山未退，但恐爲謀叵測，相應設備. 查前朝鮮所報，慶尙·全羅等處，原設水陸兵馬·舩隻，卽今果否見在. 又自密陽·南原，以至王京·平壤一帶地方，更有何險隘去處，該國曾否設備，官兵某處若干，如天兵到彼，該國官兵，作何相爲掎角，併力夾勦，合行一併查報. 爲此，牌仰該司官吏，照牌事理，備云移咨朝鮮國王，卽查自平壤·王京，直至全羅·慶尙一帶地方，中間險隘幾處，要見某處設有兵馬若干，其慶尙·全羅，原設備兵馬·水軍舩隻果否見在，儻有倭警，天朝調去大兵，與該國官兵，作何掎角夾勦. 仍照前查，各館預備芻糧數目若干，各緣由文到，火速一併查議，明白呈報前來，以憑施行. 等因.

准此. 又該本月三十日，准本司咨.

蒙欽差總督薊遼保定等處軍務兼理糧餉經略禦倭都察院右都御史兼兵部右侍郎孫憲帖.

准兵部咨. 該本部題.

查得科臣戴士衡議, 欲選智廉謀士, 隨帶教師五百名, 前去朝鮮, 代伊鍊兵. 不知該國有無四萬强兵, 願否設官代鍊, 所用粮餉, 該國可否足用. 事在彼中, 難以强行. 本部移文遼鎭督撫, 轉會國王, 聽其自議, 果願設官, 卽將應用員役, 査擧前來, 以憑覆議. 請旨定奪. 等因. 題奉欽依, 備咨前來.

准此. 爲此, 帖仰該司官吏, 照帖備該部題奉欽依事理, 卽便備云, 移咨朝鮮國王, 要見該國有無四萬强兵, 願否設官代鍊, 粮餉可否足用, 文到之日, 作速議報前來, 以憑酌議施行. 等因.

准此. 又該五月初三日, 准本司咨.

蒙欽差総督薊遼保定等處軍務兼理粮餉經略禦倭都察院右都御史兼兵部右侍郎孫憲牌.

照得, 朝鮮偵探各委官報稱, 倭情已變, 合行發兵拯援. 本院部已發兵十萬, 刻期渡江. 其朝鮮各道與倭隣地方, 凡險要處所, 俱要鍊選官兵, 預行該備. 如倭衆猝至, 只一意嚴防堅守, 以待天兵至日, 恊力決戰, 務圖全勝. 如有緊急賊情, 發撥馳報. 爲此, 牌仰本司官吏, 卽便移咨朝鮮國王, 嚴行各該陪臣, 火速査照施行. 等因.

准此. 又該本日, 准本司(咨)[31].

蒙欽差総督薊遼保定等處軍務兼理粮餉經略禦倭都察院右都御史兼兵部右侍郎孫憲牌.

今照, 倭情已變, 本院部已題奉欽依, 調遣各鎭兵馬三萬, 不日發行. 所據各兵馬, 每日喫用糧草, 須資該國備辦, 相應委官事理預備, 庶免臨期有悞. 爲此, 除差同知王狭吉 · 原任遊擊葉繪, 親詣前去外,

---

31) 원문에는 '咨'가 없지만, 문맥상 원본에는 있었을 것으로 추정된다.

牌仰該司官吏，即便移咨朝鮮國王，嚴行各該陪臣，自義州起至釜山止，凡前項三萬兵馬，經過城·館去處，俱預備五日糧草．其平壤·王京等處，應該駐箚地方，預備一月糧草．其全羅·慶尙等處，戍守交戰地方，預備半年糧草．及時多方設法，陸續搬運，務使處處有備，不得臨時有悞．等因．

准此．又該本月初七日，准欽差分守遼海東寧道兼理邊備屯田山東按察司副使兼布政使司右參議楊咨．

蒙欽差巡撫遼東地方贊理軍務兼管備倭兵部右侍郎兼都察院右僉都御史李憲牌．

爲照，倭情已變，正使已回，戰守旣當急備．兵糧尤宜急處，合行亟查．爲此，牌行本道，卽便咨會朝鮮國王，查議該國，要見某處積貯米糧料草若干，聽候天兵支用，若果不敷，作何處辦轉運，務俾不悞軍食，該國各道兵卒，訓鍊整備若干，聽候協力防勦，作速查議明白，星馳呈報本院部，以憑緊等會議施行．等因．

准此．又該本月十九日，准遼東都指揮使司咨．

蒙欽差征虜前將軍鎭守遼東地方兼備倭總兵官太子太保中軍都督府左都督董府帖．

蒙欽差總督薊遼保定等處軍務兼理糧餉經略禦倭都察院右都御史兼兵部右侍郎孫憲牌．

爲照，朝鮮全羅地方，相離釜山不遠，乃倭垂涎，必犯之處．合行發兵協同拒守，以振先聲．爲此，牌行本鎭，照牌事理，卽于標營內，挑選馬兵二千，選委智勇慣戰將官二員，統領速往朝鮮全羅地方，督同該國水陸官兵，相爲掎角，協力拒守，以振先聲，以伐狂謀. 其應用藥糧等項, 仍備會國王知會, 着落各該陪臣, 如數設備, 不得推諉悞事. 等因.

蒙此. 已經牌委衝鋒右營參將楊紹先, 統領千總一員, 把總四員, 軍丁一千名, 下正馱馬一千一百匹, 衝鋒右營遊擊張應种, 統領千總一員, 把総四員, 軍丁一千名, 下正馱馬一千一百匹, 行令刻日渡江, 前去全羅地方, 督同該國水陸官兵, 相爲犄角, 恊力拒守, 以振先聲, 以伐狂謀外, 爲此, 帖仰該司, 卽便移咨朝鮮國王知會, 着落各該陪臣, 如數設備, 不得推諉悞事. 等因.

蒙此. 已經牌委衝鋒右營參將楊紹先, 統領千総一員, 把總四員, 軍丁一千名, 下正馱馬一千一百匹, 衝鋒右營遊擊張應种, 統領千總一員, 把總四員, 軍丁一千名, 下正馱馬一千一百匹, 行令刻日渡江, 前去全羅地方, 督同該國水陸官兵, 相爲犄角, 恊力拒守, 以振先聲, 以伐狂謀外, 爲此, 帖仰該司, 卽便移咨朝鮮國王知會, 着落各該陪臣, 如數設備, 各官軍應用藥粮等項, 不得推諉悞事. 等因.

准此. 又該本日, 准本司咨.

蒙欽差巡撫遼東地方贊理軍務兼管備倭兵部右侍郎兼都察院右僉都御史李案驗.

准欽差總督薊遼保定等處軍務兼理粮餉經略禦倭都察院右都御史兼兵部右侍郎孫咨.

准兵部咨.

今據督臣議, 欲調兵轉餉, 設將增舩, 用陸兵以擊其前, 用水兵以絕其後, 均爲制禦長策. 亟應酌議, 覆請合候命下, 移文宣·大督撫, 卽預備精兵六千, 山東巡撫民兵三千, 浙江巡撫調發標兵一營. 仍調慣戰水兵三千, 并應用福蒼艟哨船隻, 隨軍器械預備停妥. 仍候倭情緊急, 請旨調發, 方令水陸智勇將官, 統領前來, 直赴薊遼軍門, 分布防範. 其應援朝鮮各兵, 駐箚應在何所, 俱聽督撫便宜料理. 及移文朝鮮國王, 令其整集兵馬, 據守險隘, 預備糧草, 以待救援. 督臣孫仍移駐遼陽, 或朝鮮近便地方, 庶聲息易通, 調度尤便. 等因. 萬曆二十四年四月二十四日, 少保兼太子太保本部尙書石等 具題. 二十七日, 奉聖旨.

這調兵轉餉及選將事宜, 俱依議行. 孫着移駐近朝鮮地方, 以便調度.

欽此. 欽遵. 擬合就行. 爲此, 合咨前去, 煩照本部題奉欽依事理, 欽遵施行. 等因.

准此. 節次備查自平壤至慶尙一帶險要, 爲因兵少糧缺, 不得常川把截. 慶州·宜寧·閑山島等處水陸官兵, 亦因糧餉缺乏, 不得多集防守. 忠淸等道所鍊民丁, 粗傳藝法, 亦以無食爲患, 不得聚鍊一處. 及滝西滝南沿路州縣, 見在米豆, 京城等處原鍊各色軍兵數目, 并申飭各處官兵, 加謹隄備, 採取秋靑, 以備冬月馬食等各緣由, 已經咨復貴司, 以憑轉報. 仍乞將原調水陸大兵及遼鎭馬兵二千, 於鴨綠滝西地方, 暫行駐箚, 以爲聲援, 而先發山東等處糧餉, 水陸并運, 以終始拯濟. 去後, 今該前因, 當職爲照, 小邦自被兵燹, 公私儲積蕩盡, 無以供給軍餉. 即目慶州·宜寧·閑山島等處防守官兵, 爲因糧缺, 不得多聚操備. 見在之數, 通計各處, 共有八千餘員名, 加以地方廣濶, 蹊徑甚多, 如値大勢衝突, 委難遍行防禦. 今遵依咨內事理, 申飭該管陪臣, 嚴加訓鍊·防禦, 遇有緊急聲息, 一面堅守, 一面飛報, 待候天兵至日, 協力來勦外, 仍照大兵經過·駐箚·交戰地方，應用蒭糧，卽目雖令該管陪臣，百計料理，委的措辦無路．須等待秋成，方可收拾．而遺民力薄，所耕不多，雖至秋成，行糧僅堪供應，而住糧決難接濟，非藉天朝糧餉，恐難終始濟事．沿路見在米豆數目及應防要險[32]去處，日前旣已查報明白，以備查考．見在軍兵，前咨亦已通査開報．而其教鍊等一節，小邦先蒙總督軍門節次選發教師，派住訓鍊各該武藝·陣法，頗有次第，足以自相傳習．兼又小邦所簽新兵，俱係民丁，原無幇貼錢糧，時則散歸田畝，農隙則赴場聽操．如蒙天朝將官，帶同許多軍馬再來訓鍊，非徒廢棄農事，該食欠缺，五六千軍馬糧料辦出尤難．煩乞貴司，備將前因，轉報軍門，將所據選將教鍊一事，暫且停罷，徐待小邦措辦糧餉，另議施行，不勝幸甚．爲此，合行回咨，請照驗轉報施行，須至咨者．

右咨遼東都指揮使司．

萬曆二十四年六月二十日．

발신: 조선국왕

사유: 성지를 준행하여 회의한 일입니다.

[조선국왕] 본년 6월 6일에 요동도지휘사사에서 보내온 자문을 받으니, 「운운. 바로 전보(轉報)해 주십시오」라고 하였습니다. 이를 받고, 살펴보건대 앞서 본년 4월 16일에 본사(本司)로부터 자문을 받았습니다.

32) '要險'은 아마도 '險要'의 오기인 듯하다.

[요동도지휘사사] 흠차총독계료보정등처군무겸리양향경략어왜도찰원우도어사겸병부우시랑 손(孫)의 헌패를 받았습니다.

[손광] 근래 본원부(本院部)는 「부산의 일본인들이 아직 모두 퇴거하지 않아서 변동이 있을까 염려되니 때에 임박하여 갑자기 대응하기는 어려울 것 같습니다. 이전에 병부에서 올린 원제(原題)를 조사해 보건대, "각 진(鎭)의 구원병과 또 요동에서 의논해 보탠 병력이 총 3만 3천 명인데, 모두 마병(馬兵)으로 썼습니다. 이들을 맡길 참장과 유격 관원들을 각각 선발하여 통령하면서 훈련시키다가 일본군의 경보가 있게 되면 지시에 따라 조발해 파견해야 합니다."라는 내용이었습니다」라고 제본을 올려 논의했습니다. 제본을 갖추는 것 외에도, 살펴보건대 전항의 병마를 조발하여 조선을 구원한다면 매일 먹을 근량과 풀을 그 나라에서 마련하는 것이 마땅할 것입니다. 미리 조사해서 처리하여 때에 임박하여 일을 그르치는 데 이르지 않도록 해야 합니다. 이에 패문을 해사[요동도지휘사사]의 관리들에게 내리니, 패문의 사리를 살펴서 패문의 내용으로 갖추어 조선국왕에게 자문을 보내어 속히 그 나라의 배신들로 하여금 미리 군량과 풀을 갖추게 하되 3만 3천 명의 병마가 반년 동안 버티기에 족하도록 힘쓰게 해야 할 것입니다. 현재 관사마다 저축되어 있는 군량이 얼마이고 풀이 얼마인지, 전항의 병마에 몇 개월이나 지급할 수 있는지 혹시라도 부족하면 어떻게 대처할 것인지 알고자 합니다. 덧붙이건대 여름과 가을 사이에 신선한 풀을 최대한 채취해서 겨울철 말먹이를 갖추어야만 때에 임하여 일을 그르치지 않게 될 것입니다. 해사에서 사람을 파견하여 그 나라의 각 관(館)에서 현재 비축하고 있는 군량과 풀의 수목에 관해 보고한 책을 가져다가 구비해서 살피고 덧붙여 그 나라에 문서를 보내어 여러 차례 받은 명지를 살펴 준행하여 수륙의 관병을

뽑아 수시로 훈련을 더하고 일본군의 경보가 있으면 즉시 방어하고 명군[天兵]이 도착하면 서로 기각지세를 이루어 전승을 취하도록 하되 전적으로 천조만 바라보지는 않도록 해야 할 것입니다.

[조선국왕] 이를 받고 바로 그날 본사의 자문을 받았습니다.

[요동도지휘사사] 흠차총독계료보정등처군무겸리양향경략어왜도찰원우도어사겸병부우시랑 손(孫)의 헌패를 받았습니다.

[손광] 살펴보건대, 일본이 비록 책봉을 바라지만 부산에 오래 주둔하면서 물러가지 않고 있어 그들의 음모를 전혀 헤아릴 수 없으니 마땅히 대비를 갖추어야 합니다. 전에 조선이 보고한 바를 조사해 보건대, 경상도와 전라도 등처에 원래 설치했던 수륙의 병마와 선척들이 과연 지금도 있는지 모르겠습니다. 또 밀양과 남원으로부터 왕경과 평양 일대 지방에 이르기까지 어떤 험지가 있는지, 그 나라에서 일찍이 대비를 갖추어 두었는지, 관병은 어느 곳에 얼마나 있는지, 만약 명군이 그곳에 도달하면 그 나라의 관병들이 어떻게 서로 기각을 이루어 힘을 합쳐 초멸할 것인지 마땅히 빠짐없이 조사해서 보고해야 합니다. 이에 패문을 해사의 관리에게 내리니, 패문의 사리를 살펴 패문의 내용으로 갖추어 조선국왕에게 자문을 보내어 즉시 평양·왕경으로부터 곧바로 전라도와 경상도 일대 지방에 이르는 중간에 험지가 몇 곳인지를 조사해서 어떤 곳에 병마를 얼마나 설치해 두었는지, 경상도와 전라도에 원래 설치했던 병마와 수군 선척이 과연 지금도 있는지, 만약 일본군의 경보가 있어서 천조에서 조발해 보낸 명군[大兵]이 그 나라의 관병과 더불어 어떻게 기각을 이루고 함께 초멸에 나설 것인지를 조사하도록 하십시오. 덧붙여 전에 조사한 것을 비추어 각 관에서 미리 갖추어 둔 풀과 군량의 수목이 얼마인지 각각의 연유를 기록한 문서가 도착하는 대로 속히 빠짐없

이 조사하고 논의한 뒤 명백하게 정문으로 보고해서 이에 의거할 수 있도록 해 주십시오.

[조선국왕] 이를 받고 또 그달 30일, 본사의 자문을 받았습니다.

[요동도지휘사사] 흠차총독계료보정등처군무겸리양향경략어왜도찰원우도어사겸병부우시랑 손(孫)의 헌첩을 받들었습니다.

[손광] 병부로부터 자문을 받았습니다. 본부에서 올린 제본(題本)입니다.

[병부] 과신(科臣) 대사형(戴士衡)의 의견을 조사해 보니, 「지혜롭고 청렴한 모사를 선발하여 교사 500명을 대동하고 조선에 가서 그들 대신 군대를 훈련시키고자 합니다. 그 나라에 4만 명의 강한 군대가 있는지의 여부, 관원을 설치하여 대신 훈련시켜 주기를 원하는지, 쓰일 양향은 그 나라에서 충분히 갖추었는지를 알지 못하겠습니다. 이 사안은 저들에게 달렸으니 억지로 시행하기는 곤란합니다. 본부에서 요동의 총독·순무에게 이문(移文)하여 국왕에게도 전하고 그들의 의견을 들어 과연 관원을 두고자 한다면 즉시 응당 쓸 만한 원역을 조사해 뽑은 내용을 (조선에) 보내어 이에 의거하여 다시 의논하겠습니다. 청컨대 성지로 결정하소서.」라는 내용이었습니다. 제본을 올려 공경히 받든 성지를 자문으로 갖추어 보냅니다.

[손광] 이를 받고서 이에 관한 첩문을 해사의 관리들에게 내리니 첩문에 갖춘 해부에서 제(題)를 올려 받든 성지의 사리를 살펴 즉시 성지의 내용을 갖추어 조선국왕에게 자문을 보내어 현재 그 나라에 4만 명의 강한 군대가 있는지의 여부, 관원을 두어 대신 훈련시켜 주기를 원하는지, 양향은 쓰기에 충분한 지 알고자 하니 자문이 도착하는 날에 즉시 의논하여 보고해 이에 의거하여 헤아려 논의하게 해 주십시오.

[조선국왕] 이를 받고 또 5월 3일, 본사의 자문을 받았습니다.

[요동도지휘사사] 흠차총독계료보정등처군무겸리양향경략어왜도찰원우도어사겸병부우시랑 손(孫)의 헌패를 받들었습니다.

[손광] 살펴보건대, 조선에서 정탐하는 위관(委官)들이 「일본의 사정이 변하였으니 마땅히 군대를 내어 구원해야 하겠습니다」라고 보고했습니다. 본원부는 이미 10만의 군대를 내어 적절한 시기에 강을 건너도록 했습니다. 일본과 인접한 조선의 각도 지방에서는 무릇 험지에 단련된 관병을 선발하고 훈련하게 하여 미리 대비해야 하겠습니다. 만약 일본군이 갑자기 이르면 한마음으로 굳게 지키기만 하다가 명군이 이르거든 힘을 합쳐 결전해서 전승하기를 힘써 도모해야 합니다. 만약 긴급한 적정(賊情)이 있으면 파발을 내어 속히 보고 하십시오. 이에 해사의 관리에게 패문을 내리니 즉시 조선국왕에게 자문을 보내어 각 배신들에게 엄격히 행하도록 하십시오.

[조선국왕] 이를 받고, 또 그날 본사의 자문을 받았습니다.

[요동도지휘사사] 흠차총독계료보정등처군무겸리양향경략어왜도찰원우도어사겸병부우시랑 손(孫)의 헌패를 받들었습니다.

[손광] 지금 살펴보건대 일본의 사정이 이미 변한 만큼, 본부원은 이미 제본을 올려 공경히 받든 성지에 따라 각 진에서 병마 3만 명을 조발해 파견하였으니 머지않아 출발하게 될 것입니다. 앞에서 언급한 각 병마들이 매일 먹을 군량과 말먹이는 모름지기 그 나라에서 마련하고 마땅히 위관과 함께 조사해서 예비한다면 아마도 때에 임박하여 그르치는 일을 면할 수 있을 것입니다. 이에 동지 왕이길·원임유격 섭상을 파견하여 직접 가도록 하는 것 외에도, 해사의 관리에게 패를 내리니 즉시 조선국왕에게 자문을 보내어 각 배신들에게 엄격하게 행하도록 하여 의주로부터 출발해서 부산에 이르기까지 무릇 전항(前項)의 3만 병마가 경유해

서 지나가는 성과 관사가 있는 곳마다 5일치의 군량과 말먹이를 미리 갖추어 두게 하십시오. 평양과 왕경 등처는 응당 주둔해야 할 지역이니 1개월의 군량과 말먹이를 미리 갖추어 두게 하십시오. 전라도와 경상도 등처는 지키고 싸우는 지역이니 반년 치 군량과 말먹이를 미리 갖추어 두게 하십시오. 적절한 시기에 다방면으로 법도를 세워 연달아 운반하고 곳곳으로 하여금 대비하는 데 힘쓰도록 하여 때에 임박하여 그르치는 일이 없도록 하십시오.

[조선국왕] 이를 받고, 또 같은 달 7일 흠차분수요해동녕도겸리변비둔전산동안찰사부사겸포정사사우참의 양(楊)[33]의 자문을 받았습니다.

[양호] 흠차순무요동지방찬리군무겸관비왜병부우시랑겸도찰원우첨도어사 이(李)[34]의 헌패를 받들었습니다.

[이화룡] 살펴보건대, 일본의 사정이 변하여 정사(正使)가 돌아왔으니 시급히 전수(戰守)에 대비해야 합니다. 군량은 더욱 급히 처리해야 하니 속히 조사해야 마땅합니다. 이에 본도에 패를 보내니 즉시 조선국왕에게 자문으로 알려서 어느 곳에 군량과 말먹이를 얼마나 저축해 천병의 쓰임에 대비하고 있는지, 만약 과연 충분하지 않다면 어떻게 마련하고 운반하여 군사들을 먹이는 문제를 그르치지 않도록 힘쓸 것인지, 그 나라 각도 병졸들의 훈련과 정비는 얼마나 되었고 명군을 기다렸다가 힘을 합쳐 방어하고 공격할 수 있는지에 대해서 그 나라에서 조사하고 의논한 바를 알고자 합니다. 속히 조사하고 의논하여 신속히 본부원에 정문으로 보고하여 이를 근거로 바로 모여 논의할 수 있게 하십시오.

[조선국왕] 이를 받고, 같은 달 19일에 요동도지휘사사의 자문을 받았습니다.

---

33) 양호(楊鎬, ?~1626)를 이른다.

34) 이화룡(李化龍, 1554~1611)을 이른다.

[요동도지휘사사] 흠차정로전장군진수요동지방겸비왜총병관태자태보중군도독부좌도독 동(董)[35]의 부첩(府帖)을 받들었습니다.

[동일원] 흠차총독계료보정등처군무겸리양향경략어왜도찰원우도어사겸병부우시랑 손(孫)의 헌패를 받들었습니다.

[손광] 살펴보건대, 조선의 전라도 지방은 부산과의 거리가 서로 멀지 않아서 곧 일본군이 탐내고 있으니 필시 침범할 만한 곳입니다. 마땅히 병력을 내어 (조선군과) 함께 굳게 지켜서 선성(先聲)을 떨쳐야 할 것입니다. 이에 본진에 패를 내리니, 패의 사리를 살펴서 즉시 표하의 진영 안에서 마병 2천 명을 뽑아 지혜와 용맹을 갖춘 전장에 익숙한 장관 2원에게 맡겨 (병력을) 이끌고 속히 조선의 전라도 지방으로 가서 그 나라의 수륙 관병을 독려해 서로 기각을 이루어 힘을 합쳐 지킴으로써 선성을 떨치고 거만한 음모를 벌하십시오. 응당 써야 할 말먹이와 군량 등의 항목들은 갖추어 국왕에게 알려서 각 관할 배신들로 하여금 수효에 맞추어 마련하게끔 하고 서로 책임을 미루어 일을 그르치게 해서는 안 됩니다.

[동일원] 이를 받들고, 천총 1원·파총 4원·군정 1천 명·하정태마(下正駄馬) 1,100필을 거느린 충봉우영참장 양소선(楊紹先)과 천총 1원·파총 4원·군정 1천 명·하정태마 1,100필을 거느린 충봉우영유격 장응충을 이미 패로 위임해서 (그들에게) 문서를 보내 정해진 날에 강을 건너 전라도 지방으로 가서 그 나라의 수륙 관병을 독려해서 서로 기각을 이루어 힘을 합쳐 지켜서 선성을 떨치고 거만한 음모를 벌하도록 하는 것 외에도, 이에 해사에 첩을 내리니 즉시 조선국왕에게 자문을 보내 알려서 각 관할 배신들로 하여금 수효에 맞게 마련하도록 하되 서로 책임을

35) 동일원(董一元, ?~?)을 이른다.

미루어 일을 그르치지 않도록 하십시오.

[요동도지휘사사] 이를 받들고, 천총 1원·파총 4원·군정 1천 명·하정태마 1,100필을 거느린 충봉우영참장 양소선과 천총 1원·파총 4원·군정 1천 명·하정태마 1,100필을 거느린 충봉우영유격 장응충(張應种)을 이미 패로 위임해서 (그들에게) 문서를 보내 정해진 날에 강을 건너 전라도 지방으로 가서 그 나라의 수륙 관병을 독려해서 서로 기각을 이루어 힘을 합쳐 지켜서 선성을 떨치고 거만한 음모를 벌하도록 하는 것 외에도, 이에 해사에 첩을 내리니 즉시 (첩문의 내용을 갖추어) 조선국왕에게 자문을 보내 알려 각 관할 배신들로 하여금 수효에 맞게 마련하게 하되 각 관군[명군]이 응당 써야 할 말먹이와 군량의 항목에 대해 서로 책임을 미루어 일을 그르치지 않도록 하십시오.

[조선국왕] 이를 받고, 또 같은 날 본사의 자문을 받았습니다.

[요동도지휘사사] 흠차순무요동지방찬리군무겸관비왜병부우시랑겸도찰원우첨도어사 이(李)의 안험(案驗)을 받들었습니다.

[이화룡] 흠차총독계료보정등처군무겸리양향경략어와도찰원우도어사겸병부우시랑 손(孫)의 자문을 받았습니다.

[손광] 병부의 자문을 받았습니다.

[병부] 지금 받은 독신(督臣)[36]의 의견은 「병력을 조발하고 군량을 옮겨서 장수를 두고 선척을 늘리되 육군을 써서 그 앞을 공격하고 수군을 써서 그 후미를 단절하려는 것이니 모두 제어하는 좋은 방책입니다. 속히 이에 대해 의논하고 거듭 주청하여 명령이 내리기를 마땅히 기다렸다가 선부와 대동의 총독과 순무에게 문서를 보내어 즉시 정예병 6천 명을 미리 준비하게 하고, 산동순무에게는 민

36) 독신은 곧 계료총독(薊遼總督) 손광이다. 같은 문단의 계료군문 역시 계료총독을 이른다.

병(民兵) 3천 명을, 절강순무에게는 표병(標兵)의 한 진영(鎭營)을 조발하게 하십시오. 덧붙여, 전장에 익숙한 수병 3천 명을 조발하고 아울러 복창(福蒼)의 동초선척(艟哨船隻)을 함께 쓰고 이어서 군사에 동원되는 기계를 미리 갖추어 두게 해야 하겠습니다. 그리고 일본의 동정이 긴급해지기를 기다렸다가 성지를 청하여 조발해야 하니, 수륙의 지혜롭고 용맹한 장관으로 하여금 이끌고 와서 곧장 계료군문(薊遼軍門)으로 가서 나누어 배치하고 방비해야 합니다. 마땅히 조선을 도와야 할 병력들이 어느 곳에 주둔해야 마땅할 것인지는 모두 총독과 순무의 지시에 따라 편의대로 처리하게 해야 합니다. 그리고 조선국왕에게 문서를 보내는 데 있어서는 병마를 정돈하여 집결시켜 두고, 험지에 의거하여 지키면서 군량과 말먹이 풀을 미리 갖추게 하여 구원을 기다리도록 해야 합니다. 독신 손광이 또한 요양(遼陽)으로 가서 주둔한다면[37] 혹 조선과 가까운 지방이라서 아마도 성식이 쉽게 통하고 조도하기에도 더욱 편리할 것입니다」라는 내용입니다. 만력 24년(1596) 4월 24일, 소보겸태자태보 본부상서 석(石)[38] 등이 제를 갖추어 아뢰었습니다. 27일에 성지를 받들었습니다.

[만력제] 군대를 조발하고 군량을 옮기며 장수를 선발하는 일은 모두 의논한대로 시행하라. 손광으로 하여금 조선의 근처 지방으로 옮겨 주둔하게 하여 조도하기 편하게 하라.

[병부] 이를 공경히 받들어 삼가 준행해야 하겠습니다. 헤아려 보건

---

37) 계료총독군문은 본래 밀운(密雲)에 있다. 이는 장성 안쪽인 만큼, 손광으로 하여금 장성 밖에 위치한 요양에 가서 요동순무와 함께 일처리를 하라는 의미이다.

38) 석성(石星, 1537~1599)이다.

대 마땅히 곧바로 시행해야 합니다. 이어 마땅히 자문을 보내니 번거롭더라도 본부에서 제본을 올려 허락받은 성지의 사리를 잘 살펴 삼가 준행하시기 바랍니다.

[조선국왕] 이를 받고 수차례에 걸쳐서 평양으로부터 경상도 일대에 이르는 험요지를 갖추어 조사하였는데 병력이 적고 군량이 부족하여 늘 지키지는 못하고 있습니다. 경주·의령·한산도 등처의 수륙 관병들 또한 군량이 부족해서 많이 모아 지키지는 못하고 있습니다. 충청도 등의 훈련 중인 민정들은 제대로 무예의 법식을 전수받지 못했고 또한 먹을 것이 없는 것을 염려하여 한곳에 모여 훈련하지 못하고 있습니다. 서쪽과 남쪽 연로 주현의 경우, 현재 (비축한) 쌀과 콩, 경성(京城) 등처에서 훈련 중인 각종 군병들의 원래 수효, 아울러 각처의 관병들에게 더욱 삼가 대비할 것을 신칙하고 가을철의 푸른 풀을 채취해 겨울에 말에게 먹일 음식을 마련하고 있다는 등의 여러 사유들에 대해서는 이미 자문으로 귀사에 회답하여 이를 근거로 전보(轉報)하게 했습니다. 이어서 바라건대, 원래 조발해 둔 수륙의 명군[大兵]과 요동의 마병 2천 명을 압록강 서쪽 지방에 잠시 주둔시킴으로써 성원이 되게 하고 먼저 보낸 산동 등처의 양향을 수로와 육로로 아울러 운반하여 처음부터 끝까지 구제할 것을 요청했습니다. 그러고 나서 이번에 앞의 일로 자문을 받아 당직이 살펴보건대, 소방은 병화를 입은 뒤로 공사의 저축이 탕진되어 군량으로 공급할 것이 없습니다. 지금 당장 경주·의령·한산도와 같은 곳들을 지키는 관병들은 군량이 부족해서 많이 모여 조련하지 못하고 있습니다. 현재의 수는 여러 곳을 통틀어서 총 8천여 명에 지나지 않는데, 이에 더하여 지방이 아주 넓고 좁은 길과 지름길이 몹시 많아 만약 대대적으로 공격을 받으면 실로 두루 방어하기 어렵습니다. 지금 자문 안의 사리에서 의거하여 준행해서 관할 배신들을 신칙하여 더욱 엄히 훈련하고 방어하도록 했으며,

긴급한 성식을 맞닥뜨리게 되면 한편으로는 굳게 지키고, 한편으로는 신속하게 보고하면서 명군이 오기를 기다렸다가 힘을 합쳐 공격하도록 한 것 외에도, 덧붙여 명군이 지나는 길목, 주둔하는 곳, 교전하는 지역을 살펴서 응당 써야 할 말먹이와 군량은 지금 관할 배신으로 하여금 온갖 방법으로 처리하도록 했으나 참으로 마련할 방법이 없습니다. 모름지기 가을 수확이 이루어지기를 기다려야 수습할 수 있을 것입니다. 그러나 남겨진 백성들의 힘이 부족하고 경작한 바가 많지 않아서 비록 가을 수확이 이루어지더라도 행량으로 쓸 것은 겨우 공응(供應)을 감당할 수 있는 정도일 것이며, 주둔할 때 쓸 군량은 결코 접제하기 어려울 것이라서 천조의 군량을 빌리지 않는다면 끝까지 구제하는 일은 어려울까 두렵습니다. 연로의 현재 쌀과 콩의 항목별 수효와 마땅히 방어해야 할 험요처는 일전에 이미 명백하게 조사해 보고하여 (명에서) 고려할 수 있도록 했습니다. 현재의 군병은 전에 보낸 자문에서도 이미 통틀어 조사하여 일일이 열거해 보고했습니다. 그리고 교련 등의 한 대목은 소방이 앞서 총독군문이 여러 차례 뽑아서 보내준 교사들이 여기저기 머물면서 각종 무예와 진법을 가르쳐준 덕분에 자못 두서가 있게 되었으니 서로 전하면서 가르치기에 충분하게 되었습니다. 겸하여 또한 소방에서 확보한 신병들은 모두 민정(民丁)이라 원래 전량(錢糧)을 도울 봉족[幇貼][39)]이 없기에 때가 되면 흩어져 경작지로 돌아갔다가 농한기가 되면 돌아와서 조련을 받습니다. 만약 천조의 장관이 허다한 군마를 거느리고 다시 와서 훈련을 하게 되면 한갓 농사를 폐기하게 될 뿐만이 아니라서 먹을 것이 부족해질 것이고 5~6천 군마의 양료를 마련해내기는 더욱 힘들게 됩니다. 번거롭더라도 귀사에 바라건대, 전인(前因)과 관련해서 군문에 전보(轉報)하셔서 앞

39) '幇貼'은 '돕는다'는 의미의 吏文인데, 여기서는 '奉足'을 이른다. 이에 대해서는 『明宗實錄』 卷14, 明宗 8年(1533) 6月 己卯(4日)를 참조하기 바란다.

서 언급한 바의 장수를 선발하고 교련하는 한 가지 일을 잠시 또 정파하게 하고 소방이 군량 마련하기를 천천히 기다렸다가 따로 의논하게 해 주신다면 더없이 다행스러운 일일 것입니다. 이에 마땅히 회자하니, 청컨대 살펴서 전보(轉報)해 주십시오. 자문이 잘 도착하기를 바랍니다.

이 자문을 요동도지휘사사에 보냅니다.

만력 24년 6월 20일.

7. 楊冊使前揭[40)]
18a-19a(191~193쪽)

再昨, 接得陪臣黃愼狀啓, 大人的於本月十六日, 當過海云. 此狀, 是本月十四日出也, 想大人已出敝境. 以大人留住勤苦之久, 畢竟旌節渡海, 而候問之禮未及, 祗受之儀不俱, 使小邦區區誠禮, 大至欠缺, 寡人不勝慙恨. 頃日, 蒙示渡海陪臣一事, 大人奉天子之命, 遠涉滄波, 乃要一二陪臣跟隨行李, 小邦豈敢靳焉. 但念事體猶未定, 而且天朝誥勅未至, 意大人必待此乃渡, 故小邦亦欲待天朝發落而方謀應命, 已將此意, 回報於通事朴義儉之歸, 今得過海之報, 出於不意. 不但朴義儉所傳之書, 未及呈徹, 大人終始惓惓至誠曉諭之意, 亦歸於虛地, 寡人尤切惶懼, 不能自安. 伏聞, 大人將少駐對馬島, 以候誥勅至日, 方爲前進. 若是則去敝境不遠, 猶可以導達情意. 玆用專差敦寧府都正黃愼·掌樂院正朴弘長, 趕同原發伺候通事朴義儉, 飛舡進去, 追伸候問之禮, 仍令聽候大人指揮, 而爲之進退, 乞諒其情, 而恕其過, 使小邦得免違慢之罪, 幸甚幸甚. 所差黃愼, 久在倭營, 詳知倭情始末, 玆敢陪遣, 幸大人並悉此意. 海中炎瘴, 逾南愈甚, 伏惟珍衛萬加, 爲朝廷自重. 不宣.

40) 본 문서는 『선조실록』에도 관련 기사가 실려 있다. 『宣祖實錄』 卷76, 宣祖 29年 6月 壬戌(26日).

그저께 배신 황신의 장계를 받아 보니 대인께서 정확히 본월[41] 16일에 바다를 건널 것이라고 했습니다. 이 장계는 이달 14일에 나온 것이니 대인께서는 이미 폐경(敝境)을 나갔으리라 생각합니다. 대인께서 오랫동안 머무르며 애썼기 때문에 마침내 정절[책봉 사절]이 바다를 건너게 되었습니다만 안부를 여쭙는 예가 미치지 못하였고 공경히 받는 의례[42]를 갖추지 못하여 소방의 구구한 성례(誠禮)가 크게 흠결에 이르게 되었으니 과인은 부끄럽고 한스러움을 다 이기지 못하겠습니다. 지난날 받들었던 도해하는 배신에 관한 일은 대인께서 천자의 명을 받들어 멀리 바다를 건너면서 마침내 한두 배신이 행차를 근수(跟隨)하기를 요청한 것이니 소방이 어찌 감히 인색하고자 했겠습니까.

다만 생각건대, 사체가 아직 정해지지 않았고 또한 천조의 고칙(誥勅)이 아직 이르지 않아 대인께서 반드시 이를 기다렸다가 건널 것이라 생각했기 때문에 소방에서도 천조의 결정을 기다려 방략의 명에 응하고자 해서 이미 이 뜻을 통사(通事) 박의검이 돌아가는 길에 회보하였는데, 지금 바다를 건넌다는 보고를 받았으니 뜻하지 않은 데서 나온 것입니다. 박의검이 전하려는 서신이 미처 전달되지 못하였을 뿐 아니라 대인께서 끝까지 간절하게 지성으로 깨우쳐 주려는 뜻이 또한 허사로 돌아갔으니, 과인은 더욱 절절히 황송하고 떨려 스스로 안정이 되지 않습니다.

삼가 듣건대 대인께서는 대마도에 잠시 주재했다가 고칙이 도달하는 날을 기다려 바야흐로 나아갈 것이라 했습니다. 이와 같다면 폐경과의 거리가 멀

---

41) 1596년 6월이다.

42) 『宣祖實錄』의 해당 기사에서는 지송(祗送)의 의례(祗送之儀), 곧 공경히 전송하는 의례라고 되어 있다. 원문의 공경히 받는다는 의미는 책봉부사 양방형의 일본행이 만력제의 최종 결정에 의한 사안임을 조선에서 확인하는 절차를 거친다는 것이다. 원문의 '事體猶未定'에서와 같이 양방형은 명 조정의 인가를 받지 못한 상황에서 일본으로 건너가고자 했고 이를 위해서 조선을 압박한 것이다.

지 않으니 오히려 뜻을 전달할 수 있을 것입니다. 이에 돈녕부 도정(敦寧府都正) 황신·장악원 정(掌樂院正) 박홍장을 전임으로 차견하여 이전에 출발한 사후통사(伺候通事) 박의검을 뒤따라 비선(飛船)으로 가서 문안의 예를 늦게나마 아뢰고 이어서 대인의 지휘를 기다려 진퇴를 행하도록 할 것이니 부디 사정을 헤아려 주시고 허물을 용서하여, 소방으로 하여금 뜻을 어기고 소홀히 한 죄를 면할 수 있게 해 주신다면 큰 다행이겠습니다. 차견한 황신은 오랫동안 일본군 진영에 있으면서 일본의 사정에 대한 시말을 상세히 알고 있어 이에 감히 배신으로 보내는 것이니 대인께서 이 뜻을 아울러 잘 알아주시기를 바랍니다. 바다에서의 무더위는 남쪽으로 갈수록 심하니 삼가 언제나 건강하시고 조정을 위해 자중하시기 바랍니다. 이만 줄입니다.

8. 日本册使渡海奏文
19b-27a(194~209쪽)

朝鮮國王臣姓諱 謹奏,

爲 册使渡海消息 事.

萬曆二十四年六月十八日, 據查勘撤回倭營陪臣黃愼狀啓.

本月初十日, 有倭將平調信, 向本國通事李彦瑞說稱, 昨日, 有關白分付, 令行長等速請楊正使過海, 本月十五日間, 當奉本府過海. 彦瑞仍問, 竹島等諸營亦同過海否. 楊老爺之意, 須待一倭不留, 方可過海. 調信說稱, 若正副二使一同過海, 則各營亦當盡撤. 今李老爺出去,[43] 若先撤各營, 似爲懦弱. 須待本府與關白相會, 然後即當盡撤, 此時, 方知我言不誣. 關白節次催併, 本府雖欲不去, 勢不可得. 等因.

又該本月二十日, 據本官狀啓.

本月十二日, 有倭將平調信, 向本國通事李彦瑞說稱, 今日, 俺將見楊老爺, 稟定行期. 俺仍留本處, 待你國通信陪臣, 一同過海. 聽此, 臣即令通事金吉孫, 進往正府衙門訪問, 得有常管家說稱, 昨日三更時分,

43) 『선조실록』에는 "李老爺無端逃去 故只陪楊天使入歸"라고 되어 있다. 『宣祖實錄』 卷76, 宣祖 29年 6月 癸丑(17日).

行長進見老爺, 力請過海, 老爺回說, 我須待你們盡撤燒營, 一倭不留, 然後方可過海. 今則決不可前進. 行長說稱, 關白節次催併, 老爺不可不去. 老爺回說, 你若不撤各營, 强我過海, 我當自此調兵. 行長說稱, 關白令我們奉請老爺甚勤, 而老爺之言如此, 我們三四年往來周旋之功, 盡歸虛地, 且數年供給天朝將士, 費了許多錢糧, 關白若聞天朝調兵, 則我必先死. 於此, 大槩事勢須當快去. 今已整點舩隻, 聽候分付. 老爺回說, 舩隻不打緊. 事體若完, 我雖乘瓢子, 亦可前去. 你們須先撤各營, 燬燒柵房, 然後來請. 我當即發. 行長說稱, 關白之意, 欲先請老爺過海, 各營隨後撤回. 今承台旨, 當俟事體停當. 更來稟知. 本日, 有平調信, 亦懇請過海, 正使峻拒不許. 等因.

本日, 又據本官狀啓.

本月十三日, 有遊擊陳雲鴻跟隨通事柳弘祥, 向臣說稱, 本日, 有倭將平調信, 向本府說稱, 關白分付行長, 令速請楊老爺過海, 而有楊老爺不許, 我們深以爲憫. 本府回說, 誥勅章服, 時未來到, 即當前進. 調信說稱, 關白已預備一路供億, 以待册使行李, 不可不速去. 本府回說, 俺亦奉朝廷明命, 來查你們去留, 待你燒撤各營, 然後楊老爺方可過海. 你們若欲速請楊老爺過海, 須急撤各營兵, 燒燬柵房. 俺當一邊咨會朝鮮國, 使之上本, 俺亦一邉, 上本急請誥勅. 如是則雖明日發去何妨. 調信說稱, 關白既令快來, 我們不敢違越. 諸營俟楊老爺到彼, 必定盡撤. 我們不敢虛妄說話, 望貴府力勸楊老爺過海. 等因.

又該本日, 據本官狀啓.

本月十三日, 有林通事, 向本國通事金吉孫說稱, 楊老爺當於本月十六日過海. 吉孫聽此, 仍向姚相公探問, 得有姚相公回說, 日期時未定了.

但老爺到對馬島, 則各營倭盡撤過海. 有陳遊擊·李中軍·沈千總, 俱在這裏, 管燒營勾當. 若事完, 則李中軍隨向日本, 陳遊擊回還北京, 唯沈千総留在此處. 臣看得, 正府衙門各該員役, 俱已收拾行李, 將爲過海之計. 等因.

又該本月二十一日, 據本官狀啓.

本月十三日初更, 臣令通事金吉孫進往正府根前稟稱, 外間皆說, 老爺不俟各營撤回, 於十五六日間, 當過海云, 陪臣莫曉曲折, 令小的前來稟問. 有正使回說, 天朝人往來者每說, 兵馬出來, 兵部箚付亦言, 事體不好, 則當一面調兵, 伊每因此懼怕, 請我速渡. 沈遊府又請我快來, 須我快去, 可速完大事·各營撤回之事. 昨日, 陳遊擊與調信等, 已爲面證, 必無不撤之理, 我當到對馬島, 以待誥勅·章服, 方可前進. 本日, 有倭將平調信, 令通事倭要時羅, 向臣說稱, 俺初欲倍楊老爺過海, 今日, 蒙行長分付, 留待貴國使臣. 使臣若果來, 則我雖留十箇日子, 亦可等待, 若不果來, 則我當明日發回. 又說稱, 調信說道, 昨見關白書, 朝鮮使臣, 尙無消息, 須急請楊册使入來, 朝鮮使臣, 若不肯來, 不須强請, 但當再遣淸正兵以决勝負. 又說稱, 天使過海, 而四營未撤, 想朝鮮過爲疑慮. 然萬無他虞, 楊老爺過海, 報到關白, 當即令撤回. 只留釜山營若干人衆, 以待册使回還, 然後盡撤. 等因.

又該本月二十三日, 據本官狀啓.

本月十四日, 臣進往正使根前, 正使說稱, 昨日, 金通事所傳說話, 陪臣明白曉得否. 臣回說, 小的聽得金通事所傳說話, 已悉老爺心事. 但未知事體果能快完否. 正使說稱, 事之成否, 我亦未能預期, 但朝廷每令我從速過海, 早完封事, 今我不去, 必以爲天朝大臣懼怕倭子, 豈非可醜. 我身非我所有, 乃是朝廷身子, 不敢怕死, 我今姑過海, 徐觀此後事體作何樣也. 臣回說, 老爺過海, 而各營未撤, 不知何時可撤. 正使說稱, 倭子所說, 都不可信, 但陳遊擊曾與調信面證, 不久當燒云耳. 等因.

又該本日, 據本官狀啓.

本月十五日暮, 有正府帶一行, 各該員役坐舡下洋, 倭將平行長·法印右衞門等, 各坐船陪行, 大約舡數一百二十餘隻, 於甘安里海觜, 留泊經夜. 十六日平明, 掛帆向對馬島去訖. 等因.

又該本日, 據正使伺候陪臣李恒福狀啓.

本月十六日午時, 梁山郡守金克裕·東萊縣令李惟誠等, 連名狀報.

據體探軍官鄭之成·文時講等告稱.

有冊封正使, 於本月十五日戌時, 坐舡移泊甘安里海觜, 十六日平明, 順風渡海去訖. 仍體訪, 得李冊使標下將官以下員役及兪相公, 俱皆隨去, 姚相公還向北京. 等因.

又該本月二十四日, 准欽差神機三營遊擊將軍署都指揮僉事沈惟敬咨.

先咨貴國, 遣差陪臣, 聽候跟隨渡海, 面修鄰好, 期在倭衆退盡而後往也. 累咨催遣, 惟恐冊使渡海屆期, 等候遷延, 不得不先爲之地耳. 玆本府渡海以來, 關白愈知感服, 盡撤淸正等衆, 燬巢之後, 冊使東渡, 陪臣之遣, 勢不可稽. 國王煩爲查照先今咨內事理, 希遣陪臣二員前來, 候隨冊使東渡. 等因.

又該本月二十六日, 據陪臣慶尙道觀察使李用淳狀啓.

該東萊縣令李惟誠飛報.

本月十三日, 有倭將平義智, 寅夜先行過海. 等因.

具啓. 臣據此.[44] 查照, 先該, 上年正月內, 准兵部咨. 節該.

今特專官傳檄, 該國君臣, 務宜誠心仰體聖明字小之仁, 責差的當陪臣, 前到釜山, 親會行長, 諭以天朝恩威, 兩相修好, 不念舊惡. 俟彼釜倭盡歸, 栅房燒燬之日, 遵旨, 據實奏報, 以便册使渡江往封. 等因.

准此. 即選差陪臣司贍寺正黃愼, 跟同欽差宣諭遊擊將軍沈惟敬, 前往熊川平行長營裏, 查勘各處撤回倭營. 去後, 隨節據本官馳啓, 自本年七月以後, 有右道德橋等七營 · 左道西生浦等五營, 節次撤回過海, 臣已經具本, 差陪臣戶曹判書具宬 · 吏曹判書盧稷齎奏去訖. 又該本年三月內, 准欽差册封日本正使後軍都督府添註僉書管事署都督僉事李宗城 · 副使五軍營右副將左軍都督府署都督僉事楊邦亨咨.

據日本豐臣行長稟.

伏望移咨朝鮮國王, 令差陪臣, 隨同官駕, 前往日本. 等因.

據此, 爲照, 行長必欲陪臣偕往通好, 此固天心悔禍, 千載一時. 爲今日計, 陪臣似當從權, 發遣隨同使節過海, 面證盟約. 本府以元勳世胄, 且爲貴國遠涉鯨海, 冒險蹈危, 顧一陪臣靳而不與, 不知貴國誠何見而然也. 等因.

又該五月內, 節准欽差册封日本正使五軍營右副將左軍都督府署都督僉事楊邦亨帖. 節該.

渡海陪臣一節, 亦曾具咨, 度賢王能財鑒. 今我二使持節以往, 陪臣從之, 似不爲詘於彼也. 賢王其熟思之. 等因.

准此. 緣小邦與日本, 理難相通, 方行商議間, 今該前因, 臣竊照, 小邦沿

---

44) 일반적으로 '具啓. 據此.'의 표현은 '갖추어 올린 장계를 받고서'라는 뜻으로, 조선국왕의 문서에서 자주 쓰이는 투식이다. 여기서 '臣'은 사안의 시급함을 드러내려는 의도에서 덧붙인 것으로 생각된다.

海列屯之賊，槩已撤回，而釜山等四營，尙留本處，猶未盡撤，已非當初一倭不留之約．即目，平行長·平調信等，又不待天朝補給誥勅来到，懇請天使徑先過海，其間，事情有難料度．雖說正使渡海報到，即撤四營之衆，又說等待小邦通信陪臣一同過海，然其辭說，自來變遷，不可憑信．其言留下釜山若干人衆，以待册使回還者，益爲叵測．或因此，別有要脅，惹起他釁，爲後日禍患，亦未可知，臣不勝憂慮．即又要索陪臣甚急，小邦與此賊讐怨已深，本無遽相通好之理，臣已經備陳曲折，奏瀆天聽．而册使屢次移咨·移帖，勸諭不已，必是審時度勢，有不可得已而然者．臣竊念，册使以皇命之重，爲小邦遠涉滄波，既曰跟隨而命之再三，則差遣一二陪臣，奉護行李，禮亦宜然．仍順差原委查勘撤回倭營陪臣黃愼，帶同一起員役，急速渡海，追往册使前進去處，聽候分付，爲之進退．如或伊情變動，封事未妥，臣當劃即具本馳奏．懇乞聖明，命下該部，參酌事勢，預爲拯濟之地，不勝幸甚．緣係册使渡海消息事理，爲此，謹具奏聞．

右謹奏聞，伏候聖旨．萬曆二十四年七月初九日．朝鮮國王臣姓諱．

발신: 조선국왕 신 이(李) 휘(諱)는 삼가 상주합니다.
사유: 책봉사가 바다를 건너는 소식에 관한 일입니다.

[조선국왕] 만력 24년(1596) 6월 18일 사감철회왜영배신(查勘撤回倭營陪臣) 황신의 장계를 받았습니다.

[황신] 본월 10일 일본군 장수 다이라노 시게노부[45]가 본국 통사 이언서

45) 원문에는 '平調信'으로 기재되어 있다. 야나가와 시게노부(柳川調信, 1539~1605)를 가리킨다. 쓰시마의

(李彦瑞)에게 "어제 관백이 분부하기를 유키나가[46] 등이 속히 양 정사[47]에게 바다를 건널 것을 청하라고 명령하였으니 본월 15일 즈음에 삼가 본부(양방형)를 모셔 바다를 건널 것이다"라고 말했습니다. 이에 이언서가 "죽도(竹島) 등 일본군 제영(諸營)도 함께 바다를 건너는가? 양 노야(老爺)의 뜻은 모름지기 한 명의 일본인도 남지 않는 것을 기다려서 바다를 건널 것이다"라고 물었습니다. 시게노부가 "만약 정사·부사 두 책사가 함께 바다를 건넌다면 각 영(各營)도 마땅히 모두 철수할 것이다. 지금 이 노야가 떠나 버렸는데[48] 만약 각 영을 먼저 철수시킨다면 나약해 보일 듯하다. 모름지기 본부가 관백과 서로 만나기를 기다린 연후에야 즉시 마땅히 모두 철수할 것이니 이때에 내 말이 거짓이 아님을 알게 될 것이다. 관백이 여러 차례 독촉하였으니 본부가 떠나고 싶어 하지 않아도 사세가 어쩔 수 없을 것이다"라고 말했습니다.[49]

[조선국왕] 또한 본월 20일에 본관(황신)의 장계를 받았습니다.

[황신] 본월 12일 일본군 장수 다이라노 시게노부가 본국 통사 이언서에게 "오늘 내가 양 노야를 보고 떠나는 기일을 품정하려 한다. 나는 계속

가신이며 전쟁 기간 강화교섭 전반에 관여했다. 다이라(平)는 도요토미 히데요시가 일본을 평정하면서 취한 일본 헤이안(平安) 시대의 대표적인 성씨이다. 당시 호조(北条) 씨 등이 헤이시(平氏)의 후손이었고, 오다 노부나가(織田信長) 등이 일본의 실력자로서 헤이시를 칭했다. 히데요시는 기노시타 도키치로(木下藤吉郞)로서 평민(햐쿠쇼)이었으나 1582년 노부나가 사망 이후 전국시대의 주도권을 쥐었고, 1583년부터 1585년까지 공식적인 시메이(氏名)로 다이라노 히데요시(平秀吉)로 칭했다. 1585년에는 후지와라(藤原) 가문인 고노에 사키히사(近衛前久)의 양자가 되어 간바쿠(關白)가 되었고, 1586년 일본 조정에서 도쿠가와(豊臣) 시메이를 받았다. 이마타니 아키라 지음, 이근우 옮김, 2022, 『무가와 천황－일본의 이중구조를 이해하는 두 가지 방법－』, (주)에이케이커뮤니케이션즈, 81~84쪽.

46) 원문에는 '行長'으로 기재되어 있다. 고니시 유키나가(小西行長, ?~1600)이다.

47) 양방형이다.

48) 정사 이종성이 1596년 4월 일본군 진영을 탈출한 사건을 말한다.

49) 이 내용은 『선조실록』에서도 확인된다. 『宣祖實錄』 卷76, 宣祖 29年 6月 癸丑(17日).

본처에 남아 너희 나라 통신사로 차정된 배신을 기다렸다가 함께 바다를 건널 것이다"라고 말했습니다. 이를 듣고 신이 즉시 통사 김길손(金吉孫)으로 하여금 정부(正府)[50] 아문으로 나아가 문의하도록 했더니 상 관가(常管家)[51]가 "어제 3경 무렵 유키나가가 와서 노야를 뵙고 바다를 건널 것을 힘써 청하니 노야가 '나는 모름지기 너희가 모두 철수하고 진영을 불태워 한 사람의 일본인도 남지 않을 때를 기다린 연후에야 바다를 건널 수 있다. 지금은 결코 나아갈 수 없다'라고 답했습니다. 유키나가가 '관백이 여러 차례 독촉하였으니 노야께서는 떠나지 않을 수 없을 것입니다'라고 했습니다. 노야가 '너희가 만약 각 영을 철수하지 않고 억지로 내가 바다를 건너도록 한다면 우리는 마땅히 이때부터 군사를 조발할 것이다.'라고 대답했습니다. 유키나가가 '관백이 우리들에게 노야를 간절히 청하여 모시도록 명령하였는데 노야의 말이 이와 같으니 우리들이 3, 4년간 왕래하며 주선한 공이 모두 허사로 돌아갈 것이고, 또한 수년 동안 천조의 장사(將士)에게 대접하며 허다한 전량을 낭비하였으니 관백이 만약 천조에서 군사를 조발한다는 것을 듣게 되면 우리는 반드시 먼저 죽을 것입니다. 이에 대개 사세상 모름지기 속히 떠나셔야 합니다. 지금 이미 선척을 점검해 두고 분부를 기다리고 있습니다'라고 했습니다. 노야가 '선척이 중요한 것이 아니다. 사체가 만약 완결되면 나는 비록 표주박이라도 타고 떠날 수 있다. 너희들은 모름지기 먼저 각 영을 철수하고 성책과 건물을 불사른 연후에 와서 청하면 나는 곧바로 출발하겠다'라고 답했습니다. 유키나가가 '관백의 뜻은 먼저 노야를 청하여 바다를 건너고 각 영을 뒤따라 철수하

50) 양방형이다.

51) 관가(管家)는 가사를 돌보는 집사로 상진충(常盡忠, ?~?)을 가리킨다. 『宣祖實錄』 卷76, 宣祖 29年 6月 癸丑(17日).

는 것입니다. 지금 대인의 뜻을 받드오니 마땅히 사체가 적절히 처리되어야 하겠습니다. 다시 와서 아뢰도록 하겠습니다'라고 했습니다. 오늘 다이라노 시게노부도 바다를 건너시기를 간절히 청하였으나 정사는 준엄하게 거부하고 허락하지 않으셨습니다"라고 말했습니다.[52)]

[조선국왕] 본일(6월 20일) 또한 본관의 장계를 받았습니다.

[황신] 본월 13일 유격 진운홍(陳雲鴻)의 근수통사(跟隨通事) 유홍상(柳弘祥)이라고 하는 이가 신에게 "본일(6월 13일) 일본군 장수 다이라노 시게노부가 본부(진운홍)에게 '관백이 유키나가에게 분부하여 속히 양 노야가 바다를 건너도록 청하도록 했으나 양 노야가 허락하지 않으므로 우리들은 매우 근심하고 있습니다'라고 말했습니다. 본부가 '고칙과 장복(章服)이 제때에 도착하지 않으나 마땅히 즉시 나아가기는 해야겠다'고 대답했습니다. 시게노부가 '관백이 이미 일로(一路)에 대접을 준비해 놓고 책사의 행차를 기다리고 있으니 속히 떠나지 않을 수 없습니다'라고 말했습니다. 본부가 '나 또한 조정의 명명(明命)을 받들고 와서 너희들이 떠나는지 머무는지를 조사하고 있으니 너희들이 각 영을 불태워 철수한 뒤에라야 양 노야가 그제야 바다를 떠날 수 있다. 너희들이 만약 양 노야에게 속히 바다를 건너시라 청하고 싶다면 모름지기 각 병영을 빨리 철수하고 성책과 건물을 불살라야 할 것이다. (그러면) 나는 당연히 한편으로는 조선국에 자문으로 알려 주본을 올리도록 하고, 한편으로는 주본을 올려 고칙을 급

---

52) 『선조실록』에서 시게노부(調信)가 통신사가 늦게 온다면 유키나가가 먼저 양방형과 함께 일본으로 도해하고 자신은 통신사를 기다렸다가 함께 일본으로 갈 수도 있다고 했고, 이 내용을 들은 황신이 통사 김길손을 보내 양방형에게 사실 여부를 확인한 것으로 기록되어 있다. 이때 양방형은 "모른다(我則不知)"라고 했고 관가(管家) 상진충은 양방형이 일본군이 모두 철수한 다음 도해할 것이라고 대답했다. 원문의 기사에서 생략된 부분을 『선조실록』에서 확인할 수 있다. 『宣祖實錄』 卷76, 宣祖 29年 6月 癸丑(17日).

히 청할 것이다. 이와 같이 한다면 비록 내일이라도 출발하는 데 무슨 방해가 되겠는가'라고 답했습니다. 시게노부가 '관백이 이미 빨리 오라고 명령하여 우리들은 감히 거스를 수 없습니다. 제영(諸營)은 양 노야가 저쪽에 도착하는 것을 기다렸다가 반드시 철수를 결정할 것입니다. 우리들은 감히 거짓을 말하지 못하니 바라건대 귀부께서는 힘써 양 노야가 바다를 건너도록 권하여 주시기 바랍니다'"라고 말했습니다.

[조선국왕] 또한 본일에 본관의 장계를 받았습니다.

[황신] 본월 13일 임 통사라고 하는 이가 본국 통사 김길손에게 "양 노야는 마땅히 본월 16일에는 바다를 건널 것입니다."라고 말했습니다. 김길손이 이를 듣고 그대로 요(姚) 상공(相公)에게 물어 "날짜가 언제인지 아직 정해지지 않았다. 다만 노야가 대마도에 도착하면 각 영의 일본군이 모두 철수하여 바다를 건널 것이다. 진 유격·이 중군(中軍)[53]·심 천총[54]은 모두 여기에서 일본군 진영을 불사르는 일을 전담하여 감독할 것이다. 만약 일이 완결되면 이 중군은 뒤를 따라 일본으로 향하고 진 유격은 북경으로 되돌아가며, 심 천총만이 이곳에 있을 것이다"라는 요 상공의 대답을 들을 수 있었습니다. 신이 보건대 정부(양방형) 아문의 각 원역들이 모두 이미 행차를 수습하고 바다를 건너려는 계획을 진행하고 있습니다."

[조선국왕] 또한 본월 21일 본관의 장계를 받았습니다.

[황신] 본월 13일 초경(初更) 신이 통사 김길손에게 명하여 정부에게 가서 "밖에서는 모두 말하기를 노야가 각 영이 철수하는 것을 기다리지 않고 15, 16일 사이 바다를 건널 것이라고 하는데 배신이 자세한 사정을 잘 몰라 저희로 하여금 와서 여쭈도록 했습니다"라고 아뢰도록 했습니다. 정

53) 중군 이대간(李大諫, ?~?)이다.

54) 천총 심무시(沈懋時, ?~?)를 이른다. 심유경의 조카로 알려져 있다. 신경, 『再造藩邦志』 三.

사가 "천조의 왕래하는 사람들이 매번 '병마가 나올 것이다'라고 하고 병부에서 차부(箚付)하여 또한 '사체가 좋지 못한즉 마땅히 한쪽으로 군사를 조발해야 한다'라고 하니 저들이 매번 이로 인해 두려워하여 우리에게 속히 건널 것을 청하고 있는 것이다. 심(沈) 유격(遊府)[55] 또한 우리가 빨리 오기를 청하고 있으니 모름지기 우리가 빨리 떠나야만 속히 대사(大事)[56]와 각 영이 철수하는 일을 완결할 수 있다. 어제 진 유격이 시게노부[57] 등과 면대하여 다짐받기를 반드시 철수하지 못할 이치가 없다고 하였으니 나는 마땅히 대마도에 도착하여 고칙과 장복을 기다려 바야흐로 나아가려 한다"라고 답했습니다. 본일 일본군 장수 다이라노 시게노부가 일본의 통사 요시라(要時羅)로 하여금 신에게 "나는 처음에 양 노야를 배행하여 바다를 건너려 하였는데, 오늘 유키나가의 분부를 받들어 머무르면서 귀국의 사신을 기다릴 것입니다. 사신이 만약 과연 온다면 나는 열흘을 머문다 해도 기다릴 수 있으나 만약 마침내 오지 않는다면 나는 내일이라도 떠나 돌아가려 합니다"라고 말하게 했습니다. 또한 (요시라가) "시게노부가 '저번에 조선 사신에게 아직 소식이 없으니 모름지기 양 책사가 들어오도록 급히 청하고 조선 사신이 만약 기꺼이 오지 않겠다면 억지로 청하지 말고 다만 기요마사[58]의 군사를 다시 보내 승부를 낼 것이라는 관백의 서찰을 보았다'라고 언급했습니다"라고 했습니다. 또한 (요시라가) "천사(天使)가 바다를 건너도 4개 일본군 진영이 철수하지 않을 것이라고 하였는데 조선이 지나치게 의심하는 듯싶습니다. 그러나 다른 우환이 생길 리 만무하니 양 노야가 바다를 건너고 보고가 관백에게 이르면 마땅히 즉

55) 심유경이다.

56) 문맥상 명에 의한 도요토미 히데요시의 일본국왕 책봉을 가리킨다.

57) 원문에는 '調信'으로 기재되어 있다. 야나가와 시게노부를 지칭한다.

58) 원문에는 '淸正'으로 기재되어 있다. 가토 기요마사이다.

시 명령하여 철수할 것입니다. 다만 부산 진영에 얼마의 무리를 남겨 두어 책사가 돌아오기를 기다린 연후 모두 철수할 것입니다"라고 말했습니다.

[조선국왕] 또한 본월 23일 본관의 장계를 받았습니다.

[황신] 본월 14일 신이 정사에게로 나아가니 정사가 "어제 김 통사(김길손)가 전한 이야기를 배신이 명백히 알아들었는지 모르겠습니다"라고 했습니다. 신이 "제가 김 통사가 전한 말을 듣고 이미 노야의 염려를 잘 알게 되었습니다. 다만 사체가 과연 후련하게 완결될 수 있을지 모르겠습니다"라고 답했습니다. 정사가 "일의 성패 여부는 나 또한 예측할 수 없습니다만 조정에서 매번 내게 속히 바다를 건너 봉사(封事)를 일찍 마무리 지으라고 하니 지금 내가 떠나지 않는다면 반드시 천조의 대신이 일본인을 두려워한다고 여길 것이라 어찌 부끄러워하지 않을 수 있겠습니까. 내 몸은 나의 것이 아니고 곧 조정의 몸이라 감히 죽음을 두려워하지 않을 것이니 나는 지금 일단 바다를 건너 이후의 사체가 어떤 모습이 될지를 천천히 살필 것입니다"라고 말했습니다. 신이 "노야께서 바다를 건너더라도 각 영이 아직 철수하지 않아 어느 때에 철수할 수 있을지 모르겠습니다"라고 답했습니다. 정사가 "일본인이 말하는 바를 도무지 믿을 수 없으나 다만 진 유격이 일찍이 시게노부와 면대하여 머지않아 당연히 불태울 것이라는 다짐을 받았다고 합니다"라고 말했습니다.[59)]

[조선국왕] 또한 본일(23일)에 본관의 장계를 받습니다.

[황신] 본월 15일 저녁 정부와 대동한 일행인 각각의 인원들이 배를 타고

59) 이 내용은 『선조실록』의 다른 기사에서 확인된다. 『宣祖實錄』 卷76, 宣祖 29年 6月 己未(23日). 원문에서는 유격 진운홍이 야나가와 시게노부와 면대하여 다짐을 받아 일본군이 머지않아 진영을 불태울 것이라는 대목에서 끝나지만, 『선조실록』에서는 양방형이 조선의 배신을 보내는 일은 사리로만 말한 것 일뿐, 실제로 자신은 이 사안과 관련이 없다는 내용으로 이어진다(過海陪臣 我只以理言之 非欲强國王必從也 我則不管此事云云). 또한 양방형의 태도에 관한 사관(史官)의 사평(史評)도 함께 살펴볼 수 있다.

바다로 떠났고, 일본군 장수 다이라노 유키나가[60] · 법인우의문이 각각 배를 타고 배행하였는데 대략 선박의 수가 120여 척 정도이며, 감안리 해변에 정박하여 밤을 지냈습니다. 16일 새벽 돛을 달고 대마도로 떠났습니다.

[조선국왕] 또한 본일(23일) 정사사후배신(正使伺候陪臣) 이항복(李恒福)의 장계를 받았습니다.

[이항복] 본월 16일 오시(午時) 양산군수(梁山郡守) 김극유(金克裕) · 동래현령(東萊縣令) 이유성(李惟誠)이 연명으로 장보(狀報)하였습니다.

[김극유 · 이유성] 체탐군관 정지성(鄭之成) · 문시강(文時講)이 보고하였습니다.

[정지성 · 문시강] 책봉정사가 본월 15일 술시(戌時)에 배를 타고 이동하여 감안리 해변에 정박하였다가 16일 새벽 순풍을 타고 바다를 건넜습니다. 이어서 직접 가서 알아보니 이 책사[61] 표하장관 이하 인원 및 유 상공(兪相公)이 모두 따라서 떠났고 요 상공은 북경(北京)으로 돌아갔다고 했습니다.

[조선국왕] 또한 본월 24일 흠차신기삼영유격장군서도지휘첨사(欽差神機三營遊擊將軍署都指揮僉事) 심유경의 자문을 받았습니다.

[심유경] 이전에 귀국에 자문하여 배신을 차견해 (책사의 명령에) 대기하면서 근수하여 바다를 건너 면대하여 우호를 닦도록 한 것은 일본군이 전부 후퇴하여 떠나가는 것을 기약해서입니다. 여러 차례 자문을 보내 차견할 것을 재촉하였으나 책사가 도해할 날짜가 가까워짐에 따라 기다리며 지체하다가 먼저 가지 않을 수 없는 지경이 되어버렸습니다. 이에 본부가 도해한 이래로 관백이 더욱 감복하여 기요마사[62] 등의 근사를 모두 철수

60) 원문에는 '平行長'으로 기재되어 있다. 고니시 유키나가를 지칭한다.

61) 이종성이다.

시키고 소굴을 불태웠으니 책사가 동쪽으로 건너가고 배신을 파견하는 것은 사세상 늦출 수 없습니다. 국왕께서는 번거롭겠지만 이전과 지금의 자문 내 사리를 살피셔서 배신 2명을 파견해 오도록 하여 동쪽으로 건너 책사를 수행하도록 해 주시기를 바랍니다.[63)]

[조선국왕] 또한 본월 26일 배신 경상도관찰사(慶尙道觀察使) 이용순(李用淳)의 장계를 받았습니다.

[이용순] 동래현령 이유성이 비보했습니다.

[이유성] 본월 13일 일본군 장수 다이라노 요시토시[64)]가 인시(寅時)에 먼저 바다를 건너갔습니다.

[조선국왕] 갖추어 올린 장계를 받고서 이전의 해당 문서를 조회해 보니 작년(1595) 1월에 병부의 자문을 받았습니다. 대략 다음의 내용입니다.

[병부] 지금 특별히 관원에게 전담하게 하여 격문을 전하니 해국(該國) 군신은 마땅히 성심으로 우러러 성명(聖明)이 소국을 아끼는 인애를 체득하기에 힘써 적당한 배신을 책임 지워 차견하여 부산으로 보내 직접 유키나가를 만나 천조의 은위(恩威)로써 유시하면서 서로 우호를 닦고 구악을 생각하지 않는 데 힘써야 할 것입니다. 저들 부산의 일본인이 모두 돌아가며 성책과 건물을 불태우는 날을 기다렸다가 성지를 준행하고 사실에 의거해 주보(奏報)함으로써 책사가 강을 건너 책봉하러 가는 데에 편리하게 하십시오.

[조선국왕] 이를 받고 곧바로 배신 사섬시정(司贍寺正) 황신을 선발하여 차

---

62) 원문에는 '淸正'으로 기재되어 있다. 가토 기요마사를 이른다.

63) 이 내용은 『선조실록』의 다른 기사에서 확인된다. 『宣祖實錄』 卷76, 宣祖 29年 6月 庚申(24日). 중군 이대간이 나고야에서 나올 때 심유경의 자문을 가져왔고 며칠 뒤 황신을 만나 전해 주었다는 내용이 포함되어 있다.

64) 원문에는 '平義智'로 기재되어 있다. 소 요시토시(宗義智, 1568~1615)이다.

견하여 흠차선유유격장군(欽差宣諭遊擊將軍) 심유경을 수행하여 다이라노 유키나가의 웅천(熊川) 진영에 가서 각처에서 일본군 진영이 철수하는 것을 현장 조사하도록 했습니다. 그 후 뒤이어 여러 차례 「본년(1595) 7월 이후 경상우도 덕교(德橋)을 포함한 7영과 좌도 서생포(西生浦)를 포함한 5영에서 (일본군이) 차례대로 철수하여 바다를 건넜다」는 본관의 치계를 받아 신이 주본을 갖추어 보냈는데, 배신 호조판서(戶曹判書) 구성(具宬)·이조판서(吏曹判書) 노직(盧稷)을 차견하여 주본을 가지고 떠나도록 했습니다. 또한 본년(1596) 3월에 흠차책봉일본정사후군도독부첨주첨서관사서도독첨사 이종성과 부사오군영우부장좌군도독부서도독첨사 양방형의 자문을 받았습니다.

[이종성·양방형] 일본 도요토미 유키나가[65]의 품신을 받았습니다.

[고니시 유키나가] 삼가 조선국왕에게 이자하여 배신을 차견해서 관가(官駕)를 따라 일본에 오도록 해 주시기를 바랍니다.

[이종성·양방형] 이를 받고 살펴보건대 유키나가가 반드시 배신이 함께 와서 통호하기를 바라고 있으니 이는 진실로 천심(天心)이 화를 내린 것을 후회하는 것으로 천 년에 한 번 만날 수 있는 절호의 기회입니다. 오늘날의 계책으로 삼아 배신을 마땅히 권도(權道)에 따라 파견해서 사절을 수행해 함께 바다를 건너도록 하여 면전에서 맹약을 다짐받게 해야 할 듯합니다. 본부(이종성)는 원훈(元勳)의 후손으로서 또한 귀국을 위하여 멀리서부터 거친 파도를 건너고 위험을 무릅쓰고 왔는데 도리어 한 사람의 배신에 인색해 내주지 않으니 귀국이 진실로 무엇을 보고 그런 것인지 모르겠습니다.

[조선국왕] 또한 5월에 그다음으로 흠차책봉일본정사오군영우부장좌군도독부서도독첨사 양방형의 게첩을 받았습니다. 대략 다음의 내용입니다.

---

65) 원문에는 '豐臣行長'으로 기재돼 있다. 고니시 유키나가를 지칭한다.

[양방형] 배신이 도해해야 한다는 한 대목은 또한 일찍이 자문을 갖추어 보내 드렸으니 현왕께서 잘 헤아려 판단하시리라 생각됩니다. 지금 우리 두 사신이 부절을 가지고 가는데 배신이 따라가는 것은 저들에게 굽히는 것이 아닌 듯합니다. 현왕께서는 이를 깊이 생각하소서.[66)]

[조선국왕] 이를 받고 소방은 일본과 더불어 이치상 서로 통호하기 어렵다는 점 때문에 이제 논의하는 사이, 이번에 위의 자문을 받고서 신이 가만히 살펴보건대 소방의 연해에 나란히 둔거하고 있는 적은 대개 이미 철수하였으나 부산 등 4개 영은 여전히 본처에 남아 아직 모두 철수하지 않으니 이미 당초 한 명의 일본인도 남기지 않겠다는 약속이 아닌 것입니다. 지금 다이라노 유키나가와 다이라노 시게노부는 또한 천조에서 지급할 고칙이 도착해 오는 것을 기다리지 않고 천사에게 지레 경솔히 바다를 건너기를 간청하였는데, 그 사이에 사정을 이해하기 어려운 점이 있습니다. 비록 정사가 도해했다는 보고가 도착하면 즉시 4개 영의 군사를 철수한다고 말하면서 또한 소방의 통신 배신이 함께 바다를 건너기를 기다린다고 말하니 그런즉 그 말이 이전부터 지금까지 변하곤 하여 신뢰할 수 없습니다. 그 말 중에 부산에 얼마간의 무리를 머무르게 하여 책사가 돌아오는 것을 기다리게 한다는 것은 더욱 헤아릴 수 없습니다. 혹 이로 인하여 따로 협박할 거리가 생겨 다른 흔단을 야기해 훗날의 화란이 될지 또한 아직 알 수 없기에 신은 근심을 견딜 수 없었습니다. 얼마 후 또한 배신을 매우 급하게 요구하였는데 소방은 이 적과 복수해야 할 원한이 이미 깊어 본디 대번에 서로 통호할 이치가 없다는 내용을 신이 이미 곡절을 갖추어 진술하여 외람되게 천청(天聽)에 주

66) 양방형의 게첩을 요약한 기사는 『선조실록』에 실려 있다. 『宣祖實錄』 卷75, 宣祖 29年 5月 丙申(30日). 원문의 기사에서 『선조실록』의 요약본을 더욱 요약했다. 생략된 내용은 중국의 고사이며, 이를 통해 배신을 수행하게 하는 것이 일본에 굽히는 것이 아님을 주장했다.

문(奏聞)하였습니다. 그러나 책사가 여러 차례 이자하고 이첩하여 권유하기를 그치지 않았으니 반드시 때를 살피고 사세를 헤아려 어쩔 수 없었기 때문에 그러했던 것입니다. 신이 가만히 생각하건대 책사는 황명의 엄중함으로 소방을 위하여 멀리서 넓은 바다를 건너와 이미 근수라고 말하며 거듭 명하였은즉 한두 배신을 차견하여 행차를 받들어 호의하는 것은 예가 또한 마땅히 그러해야 하는 것입니다. 이에 따라 원위사감철회왜영배신(原委査勘撤回倭營陪臣) 황신을 차견하여 한 무리의 인원을 대동시켜 급히 바다를 건너 책사가 나아간 곳으로 따라잡고 분부를 기다려 진퇴를 행하도록 했습니다. 만약 저들의 사정이 변하여 책봉하는 일이 타결되지 않으면 신은 마땅히 즉시 주본을 갖추어 치주(馳奏)하려 계획하고 있습니다. 간절히 비옵건대 성명께서는 해부에 명을 내리시어 사세를 참작해서 미리 구해 주실 여지를 마련해 주신다면 크게 다행이겠습니다. 책사가 도해하는 소식과 관계된 사리이기 때문에 이에 삼가 주본을 갖추어 아룁니다.

만력 24년 7월 9일 조선국왕 신 이(李) 휘(諱)가 이같이 삼가 주문하고 성지를 기다리겠습니다.

9. 禮部咨
27a-28b(209~212쪽)

朝鮮國王,

爲 册使渡海消息 事.

云云. 今該前因, 當職竊照, 小邦沿海列屯之賊, 槩已撤回[67], 而釜山等四營, 尙留本處, 猶未盡撤, 已非當初一倭不留之約. 卽目, 平行長·平調信等, 不待天朝補給誥勅來到[68], 懇請天使徑先過海, 其間, 事情有難料度. 雖說正使渡海報到, 卽撤四營之衆, 又說等待小邦通信陪臣一同過海, 然其辭說, 自來變遷, 不可憑信. 其言留下釜山若干人衆, 以待册使回[69]還者, 益爲叵測. 或因此, 別有要脅, 惹起他釁, 爲日後[70]禍患, 亦未可知, 當職不勝憂慮. 卽又要索陪臣甚急, 小邦與此賊讎怨已深, 本無遽相通好之理, 當職已經備陳曲折, 奏瀆天聽. 而册使屢次移咨·移帖, 勸諭不已, 是必[71]審時度勢, 有不可得已而然者. 當職竊念, 册使以皇命之重,

67) 문서 8에는 '囬'로 기재돼 있다.
68) 문서 8에는 맨 앞에 '又'가 기재돼 있다.
69) 문서 8에는 '囬'로 기재돼 있다.
70) 문서 8에는 '後日'로 기재돼 있다.
71) 문서 8에는 '必是'로 기재돼 있다.

爲小邦遠涉滄波, 旣曰跟隨而命之再三, 則差遣一二陪臣, 奉護行李, 禮亦宜然. 仍順差原委査勘撤回倭營陪臣黃愼, 帶同一起員役, 急速渡海, 追往册使前進去處, 聽候分付, 爲之進退. 如或伊情變動, 封事未妥, 當職當劃即具本馳奏.[72] 煩乞貴部備將前因, 轉奏天聽, 命下該部, 參酌事勢, 預爲拯濟之地, 不勝幸甚. 爲此, 專差陪臣工曹參判柳永詢, 齎捧實封奏本, 前赴京師進呈外, 合行移咨, 請照驗聞奏明降施行. 須至咨者.
右咨禮部.

萬曆二十四年七月初九日.

발신: 조선국왕
사유: 책봉사가 바다를 건너는 소식에 관한 일입니다.

「운운. 이번에 위의 자문을 받고서 당직이 가만히 살펴보건대 소방의 연해에 나란히 둔거하고 있는 적은 대개 이미 철수하였으나 부산 등 4개 영은 여전히 본처에 남아 아직 모두 철수하지 않았으니 이미 당초 한 명의 일본인도 남기지 않겠다는 약속이 아닌 것입니다. 지금 다이라노 유키나가·다이라노 시게노부는 천조에서 지급할 고칙이 도착해 오는 것을 기다리지 않고 천사에게 지레 경솔히 바다를 건너기를 간청하였는데, 그 사이에 사정을 이해하기 어려운 점이 있습니다. 비록 정사가 도착했다는 보고가 도착하면 즉시 4개

72) 지금까지의 원문은 문서 8의 마지막 문단에서 조선국왕이 주문한 내용을 재인용한 것이다. 단, 문서 8의 '臣'이 '當職'으로 바뀌어 기재돼 있다.

영의 군사를 철수한다고 말하면서 또한 소방의 통신 배신이 함께 바다를 건너기를 기다린다고 말하니 그런즉 그 말이 이전부터 지금까지 변하곤 하여 신뢰할 수 없습니다. 그 말 중에 부산에 얼마간의 무리를 머무르게 하여 책사가 돌아오는 것을 기다리게 한다는 것은 더욱 헤아릴 수 없습니다. 혹 이로 인하여 따로 협박할 거리가 생겨 다른 흔단을 야기해 훗날의 화란이 될지 또한 아직 알 수 없기에 당직은 근심을 견딜 수 없었습니다. 얼마 후 다시 배신을 매우 급하게 요구하였는데 소방은 이 적과 복수해야 할 원한이 이미 깊어 본디 대번에 서로 통호할 이치가 없다는 내용을 당직이 이미 곡절을 갖추어 진술하여 외람되게 천청에 주문하였습니다. 그러나 책사가 여러 차례 이자하고 이첩하여 권유하기를 그치지 않았으니 이는 반드시 때를 살피고 사세를 헤아려 어쩔 수 없었기 때문에 그러했던 것입니다. 당직이 가만히 생각하건대 책사는 황명의 엄중함으로 소방을 위하여 멀리서 넓은 바다를 건너와 이미 근수라고 말하며 거듭 명하였은즉 한두 배신을 차견하여 행차를 받들어 호위하는 것은 예가 또한 마땅히 그러해야 하는 것입니다. 이에 따라 원위사감철회일본군 진영배신 황신을 차견하여 한 무리의 인원을 대동시켜 급히 바다를 건너 책사가 나아간 곳으로 따라잡고 분부를 기다려 진퇴를 행하도록 했습니다. 만약 저들의 사정이 변하여 책봉하는 일이 타결되지 않으면 당직은 마땅히 즉시 주본을 갖추어 치주하려 계획하고 있습니다」라고 했습니다. 간절히 비옵건대 귀부[예부]에서 전인(前因)에 대해서 황제께 전주(轉奏)해 해부에 명을 내리시어 사세를 참작해서 미리 구원해 줄 여지를 마련해 준다면 크게 다행이겠습니다. 이에 배신 공조참판(工曹參判) 유영순을 전차하여 실봉주본을 가지고 경사(京師)로 나아가 알리도록 하는 외에 마땅히 자문을 보내니 청컨대 검토하여 황제께 주문하시고 명지를 내려 주십시오. 자문이 잘 도착하기를 바랍니다.

이 자문을 예부에 보냅니다.

만력 24년 7월 9일.

# 10. 請護送咨[73]
28b(212쪽)

朝鮮國王,

爲 公幹 事.

差陪臣工曹參判柳永詢, 賫捧實封奏本, 前赴京師, 經由貴治馳驛前去.
(爲此,)[74] 合行移咨, 請照驗護送施行. 須至咨者.
右咨遼東都指揮使司.

萬曆二十四年七月初九日.

발신: 조선국왕

사유: 공무(公幹)에 관한 일입니다.

73) 본 문서에는 별도로 두주가 달려 있지 않다. 조선국왕이 주청사의 안전한 호송을 요동도지휘사사에게 요청하는 자문이다.

74) 원문에 '위차(爲此)'가 없으나 누락 내지 생략된 것으로 보인다.

배신 공조참판 유영순을 보내어 실봉주본을 받들어 가지고 경사로 나가게 하였는데 귀사(貴司)에서 관할하는 역을 경유하여 가게 됩니다. (이에) 마땅히 자문을 보내니 청컨대 살펴서 호송해 주시기 바랍니다. 자문이 잘 도착하기를 바랍니다.

이 자문을 요동도지휘사사에 보냅니다.

만력 24년 7월 9일.

11. 葉遊擊揭

28b-29a(212~213쪽)

伏以玩兵無威, 忘戰召寇, 誠有國之炯鑑. 講武偃武, 用兵消兵, 實治世之宏規. 緬惟貴國文事素盛, 武備初張. 逆賊李夢鶴等, 妄逞不軌之心, 將官朴名賢等, 大鼓敵愾之心, 數千亡命, 崇朝俘馘, 是皆國王之威福, 社稷之有慶. 將士之奮勇, 僚佐之協謀, 自此而制數十島倭奴, 振千萬年國勢, 强盛之業, 惟日有加矣. 本職分當, 躬拜以賀. 第溽暑恐勞起居, 敬肅短狀, 代叩大喜. 盖慶貴國之敢戰, 必能除兇戡亂, 而太平有衆也, 寧徒以殄此逆賊而已哉. 忭顒之情, 難以言罄. 伏惟國王尊照. 不宣.

삼가 살펴보건대, 군대를 경시하면 위엄이 없고 전쟁을 잊으면 도적을 불러들인다는 것은 진실로 국가의 밝은 교훈이 됩니다. 무예를 익히느냐 괄시하느냐, 군대를 부리느냐 위축시키느냐는 실로 세상을 다스리는 굉규(宏規)입니다. 생각해 보면, 귀국은 평소부터 학문이 융성했고 처음엔 무비(武備)가 크게 펼쳐졌습니다. 역적 이몽학(李夢鶴) 등이 망령되이 반역을 도모할 생각을 가지고 있었으나, 장관 박명현(朴名賢) 등이 크게 적개심을 고조시켰기에 수천 명이 망명해 조정을 높이고 수급을 얻었으니 이는 모두 국왕의 위엄과 복이요 사직의 경사입니다. 장사들이 용맹을 떨치고 막좌들이 지혜를 합치자 이로부터 수십 개 섬의 왜노(倭奴)들을 제어하고 천만년의 국세를 떨칠 수 있게 되었으니 강성한 업이 도리어 날로 더해졌습니다. 저는 직분상 마땅히 몸을 굽혀 축하해야 할 것입니다. 다만 무더위로 인해 기거에 수고로움을 끼치게 될까 염려되어 공경히 단상(短狀)에서 대신 고두하며 크게 기뻐하고자 합니다. 대개 귀국이 과감히 싸우면 필시 흉적을 제거하고 변란을 평정하여 태평성대를 누릴 것이니, 어찌 한갓 이 역적들을 제거한 것으로 그치겠습니까. 기뻐하고 공경하는 마음을 말로는 다하기 어렵습니다. 삼가 바라건대 국왕께서는 살펴 주십시오. 이만 줄입니다.

12. 回揭

29a-29b(213~214쪽)

大人視小邦休戚，不啻若一家之事．纔聞嘯聚之警，卽示以招撫之策，乃至差官宣諭．玆者，以及時勦捕恵牋致慰，益感貴府用意之勤厚也．不穀守國亡狀，失禦外寇，尙釐天朝東顧之憂．今又德不逮下，使赤子化爲龍蛇，其得早行追討，而不得逭於顯戮者，特以藉貴府之威望，來鎭于此耳．抑潢池弄兵之徒，破之不足爲武．只增慚靦．見愛之過，勉以不近之語，深極感竦．溽暑猶酷，久闕躬候臨紙，無任區區．並惟盛亮．不宣．

대인께서 소방의 고락을 마치 한 집안의 일처럼 여기실 뿐만이 아니었습니다. 반란의 경보를 듣자마자 즉시 초무하는 계책을 보이셨고, 곧 차관으로 와서 선유하였습니다. 이제 적시에 초멸하여 붙잡은 것에 대해 은혜로운 서신을 보내어 위로하시니 귀부께서 부지런하고 두텁게 마음을 써 주신 것에 더욱 고마움을 느낍니다. 저는 나라를 잘 지키지 못하고 외적을 방어하는 데 실패하였고, 오히려 천조에서 동쪽을 돌아보게 하는 근심을 더해드렸습니다. 지금은 또 덕이 아래에 미치지 못하여 백성들로 하여금 도적떼가 되게 하였으니 일찌감치 쫓아가서 토벌하되 학살에서 벗어날 수 있었던 것은 특별히 이곳에 와 계신 귀부의 위엄과 명망에 힘입은 것일 뿐이었습니다. 또한, 무지한 백성들이 무기를 들고 일어난 것을 격파한 것은 무공으로 삼기에 충분하지 않습니다. 그저 부끄러움만 늘어날 뿐입니다. 인애함을 보이심이 지나쳐서 전혀 사실과 같지 않는 말로 격려하시니 더욱 더 극히 감격스럽고 놀라울 따름입니다. 무더위가 더욱 혹독해져서 오랫동안 직접 문안하지 못 하고 지면으로 인사하니 구구한 마음을 견디지 못하겠습니다. 아울러 잘 헤아려 주십시오. 이만 줄입니다.

13. 楊天使揭
29b-30a(214~215쪽)

東封一事，延至今日，而方有次第．朝廷大信，始終不爽，豈獨爲日本也．即不佞寄貴國，經年遠涉苦海，雖將命之臣分所宜，然非無益於賢王也．前屢具陪臣之瀆，竟未聞忼慨之辭，俾覬覦者，跂足而望．賢王當示人以信，不決之言，不可也．如可遣，即明示當事者，依期而遣之，如不可遣，亦明示當事者，絕其繫戀．此不佞之愚，不知賢王以爲何如外，淸正向與賢王或各陪臣書，幸査發一二紙又㑥．

동봉(東封)의 한 가지 일이 지금까지 지연되어 왔지만 바야흐로 두서가 있게 되었습니다. 조정에서 크게 믿고 끝까지 (입장을) 바꾸지 않는 것이 어찌 오직 일본만을 위한 것이겠습니까. 불녕이 귀국에 의지하여 먼 바다 건너 해를 넘겨가며 머물고 있는 것은 비록 명령을 받은 신하의 직분에 있어 마땅한 바이겠으나 현왕에게도 이로운 점이 없지 않습니다. 전에 배신 구성[75]이

75) 구성(具宬, 1558~1618)을 가리킨다. 이종성이 부산의 일본군 진영에서 탈출한 직후 조선에서는 이 사실을 명 조정에 알렸는데 이때 주문사로 구성을 보냈다. 『宣祖實錄』 卷74, 宣祖 29年 4月 壬戌(26日). 문서 8에서도 확인된다. 양방형은 구성을 통해서 명 조정으로부터 어떤 결정이 내려졌는지에 대해서 황신에게 문의하는 등 이종성 탈출 이후에도 일본으로 건너가 책봉 문제를 매듭지으려는 의지를 드러내

번거롭게 한 것이 여러 번이었으나 끝내 비분강개한 말을 듣지 못했으니, 분수에 넘치는 기회를 엿보는 자에게 발돋움하여 볼 수 있게 해주는 것입니다. 현왕께서는 마땅히 남에게 믿음을 보이셔야 하니, 결정되지 않았다고 말하는 것은 안 됩니다. 만약 파견할 수 있다면 즉시 당사자에게 명시하되 기한에 의거하여 파견하시고 만약 파견할 수 없더라도 또한 당사자에게 명시하여 그 연연해하는 마음을 끊으셔야 합니다. 이는 불녕이 우매하여 현왕의 뜻이 어떠한지를 알지 못하는 것 외에, 기요마사가 지난번 현왕이나 혹은 각 배신들에게 준 편지를 행여 조사해서 한두 장이라도 보내 주시면 또한 떳떳할 것입니다.

보였다. 『宣祖實錄』 卷76, 선조 29年 6月 乙巳(9日).

14. 回揭

30a-30b(215~216쪽)

自華旆進臨馬島，炎瘴愈甚，瞻望行李，無日暫安．即接芝帖，審已過護屋．海程彌遠，戀傃彌切．示諭陪臣一節，自小邦遣使日本，此豈可容易犹．未免商議停當，煩大人廑教，竦罪竦罪．此事已有天朝命令，寡人何敢違越．已差送陪臣黃愼等，一起員役，想今報到左右矣．但未知如此，必無事否也．此在大人善圖之．淸正書朴義儉曾已齎去．統惟收照．不宣．

명의 사신께서 대마도에 들어간 뒤로, 더위(炎瘴)가 한층 심해지셨다니 행차를 바라보면서 하루도 잊은 날이 없습니다. 방금 귀한 서신[芝帖]을 받고서 이미 나고야[名護屋]를 지나셨음을 알 수 있었습니다. 바닷길이 머니, 그리움이 더욱 간절합니다. 배신에게 유시하라는 한 가지 말은 소방이 직접 일본에 사신을 파견하라는 것인데, 이것이 어찌 쉽게 용납할 수 있는 일이었겠습니까. 함께 상의하여 결정하지 못하고 대인[양방형]이 번거로이 힘써 주장하도록 했으니 정말 죄송합니다. 이 일에 대한 천조의 명령이 있었으니, 과인(寡人)이 어찌 감히 어길 수 있겠습니까. 생각건대, 지금쯤이면 파견한 배신 황신 등의 일행이 이미 (대인께서 머무르는 지역) 인근에 도착했을 것입니다.

다만 이렇게 한다고 해서 반드시 무사하게 될 것인지의 여부는 알지 못하겠습니다. 이는 대인께서 잘 헤아려 주시는 바에 달려 있습니다. 기요마사의 서신은 박의검이 이미 가지고 갔습니다. 두루 잘 헤아려 주십시오. 이만 줄입니다.

15. 楊天使揭
30b(216쪽)

日者, 具字奉瀆, 想塵電覽. 不佞於七月十一日, 已抵日本上關徼, 賢王寵靈, 一行員役無恙[76]. 沈遊戎已會關白相晤甚善. 貴國陪臣遣與不遣, 明示當事之人, 猶豫不定, 俾望之者, 日日跂足, 甚非所宜. 惟即決之, 斯有益於事也. 不盡不盡.

일전에 자구를 갖춘 편지를 받들고 경황이 없는 가운데 급히 읽어 보았습니다. 불녕은 7월 11일 일본의 상관(上關)[77] 주변에 이르렀는데, 현왕의 총애와 보살핌으로 일행 원역들이 무탈합니다. 심 유격은 이미 관백(關白)을 만나서 서로 좋은 말을 나누었습니다. 귀국이 배신을 보내든 보내지 않든지 간에, 일을 담당한 사람에게는 명백히 일러주어야 하는데 도리어 미리 정해 두지 않고서 기다리는 자로 하여금 날마다 발뒤꿈치를 세우고 기다리게 하고 있으니 심히 마땅하지 않은 바입니다. 생각건대, 즉시 결정하는 것이 사태의 해결에 유익할 것입니다. 이만 줄입니다.

---

76) 원문의 글자는 虫+恙의 형태를 가진 이체자이다.

77) 일본의 야마구치현(山口縣)에 설치된 관소(關所) 중 하나로 황신의 군관인 조덕수와 박정호가 조정에 보고한 내용에서도 보인다. 『宣祖實錄』 卷82, 宣祖 29年 11月 戊戌(6日).

16. 回揭

30b-31a(216~217쪽)

傃戀方切, 忽承華札, 以審行色. 過海神相沖裕, 欣慰欣慰. 諭示陪臣之遣, 向者亦嘗屢厪指敎. 小邦不可專輒, 故方有所待, 前月末始蒙兵部題奉聖旨事意, 卽差遣黃愼等一起員役. 想已前赴矣. 餘具前帖, 玆不復贅. 伏惟心諒.

그리움이 간절하던 중에 홀연히 귀중한 서신(華札)을 받들게 되어 사행의 상황[行色]을 살펴볼 수 있었습니다. 바다를 건넜지만 건강하고 편안하다고 하시니 매우 기쁘고 위로가 됩니다. 배신을 파견하라고 유시하신 것은 지난날에도 일찍이 누차 힘써 가르침을 주셨던 일입니다. 그러나 소방은 형세상 제멋대로 행동할 수 없는 까닭에 기다리고 있던 바, 지난달 말에 비로소 병부에서 제본을 올려 받든 성지의 뜻에 따라 즉시 황신 등의 일행을 파견하였습니다. 생각건대 이미 다다랐을 것입니다. 그 밖의 일들은 모두 전에 보낸 게첩에 갖추어 적었으니 새삼스레 다시 번거롭게 하지 않겠습니다. 삼가 바라건대, 잘 헤아려 주시기 바랍니다.

17. 冬至表
31a-31b(217~218쪽)

朝鮮國王臣姓諱, 欽遇萬曆二十四年十一月初三日, 冬至令節, 謹奉表稱賀者.

臣諱 誠歡誠忭, 稽首稽首上言.

伏以, 一陽初動, 可觀天地之心. 萬福攸同, 式衍神人之慶, 照臨所暨, 蹈舞惟均. 欽惟皇帝陛下, 盛德在躬, 至仁育物, 雲行雨施, 生成允協於乾亨. 日就月將, 體用克全於聖學, 玆當道長之會, 益擁朋來之休. 伏念臣滯跡東荒, 阻瞻北極. 恩深再造, 恨罔效於糜軀, 祝上三呼, 誠倍殫於嵩筭. 臣無任望天仰聖激切, 屛營之至, 謹奉表稱賀以聞.

萬曆二十四年十一月初三日, 朝鮮國王臣姓諱 謹上表.

조선국왕 신 이(李) 휘(諱)는 만력 24년(1596) 11월 3일 동지영절을 공경히 맞아 삼가 표문을 올려 하례 드립니다.

신 휘(諱)는 진실로 기뻐하면서 머리를 숙여 상언(上言)합니다.

삼가 보건대, 일양(一陽)이 처음 발동하여 하늘과 땅의 마음을 볼 수 있습니다. 만복(萬福)이 같은 바이니 신인(神人)의 경사를 널리 펴서 해와 달이 미치는 곳에서 춤을 추며 기뻐하기를 같이합니다. 공경히 생각건대, 황제 폐하께서는 융성한 덕을 몸에 지니시고서 지극한 어짊으로 만물을 양육하시되 구름을 움직여 비를 내리듯 하시니 생성(生成)해 주심이 건도(乾道)의 형통(亨通)함에 진실로 부합됩니다. 일취월장하사 체용(體用)에 있어 능히 성학(聖學)을 온전히 하셨으니 지금 도(道)가 자라나는 시기를 맞이하여 벗들을 만나는 기쁨을 더욱 누리십니다. 삼가 생각건대, 신은 황폐한 동쪽 땅에 머무르고 있고 북극에 가로막혀 있습니다. 이에 재조(再造)의 깊은 은혜를 몸을 다해서도 보답할 길이 없음에 한스러워하며 세 번 부르짖으며 축원을 올리고 진실로 진헌하려는 생각이 갑절로 다합니다. 신은 천성(天聖)을 우러러보는 간절함을 가눌 길이 없어 변방의 끝에서나마 삼가 표를 올려 하례 드립니다.

만력 24년 11월 3일 조선국왕 신 이(李) 휘(諱)가 삼가 표를 올립니다.

18. 方物表[78)]
31b-32a(218~219쪽)

朝鮮國王臣姓諱，右伏以黃鍾應一陽之動，聿値天休之臻，丹扆受四方之朝，敢執土宜之奠.

謹備.

白苧布 二十匹.
白綿紬 二十匹.
黃花席 五張.
滿花席 五張.
滿花方席 五張.
彩雜花席 五張.
人參 三十觔.
虎皮 二張.
豹皮 二張.

78) 본 문서에는 별도로 두주가 달려 있지 않다. 동지절을 맞아 보내는 방물을 기재한 조선국왕의 표문이다.

鹿皮 二張.

花硯 三面.

黃毛筆 一百枝.

油煤墨 五十錠.

白扇 一百把.

雜色馬 一十匹.

右件物等, 產從鄙遠, 品匪珎竒, 豈合享上之儀. 聊表由中之悃. 臣無任兢惶激切之至, 謹隨表奉進以聞.

萬曆二十四年十一月初三日. 朝鮮國王臣姓諱, 謹上表.

조선국왕 신 이(李) 휘(諱)는 삼가 황종[79]의 음률로 일양의 움직임에 응하는 동지에 하늘의 은혜가 모여들고 천자께서 붉은 병풍[80] 앞에 앉아 사방의 조회(朝會)를 받으시는 시기를 맞이하여 감히 토산물[土宜]을 바칩니다.

삼가 아래와 같이 갖춥니다.

백저포 20필, 백면주 20필, 황화석 5장, 만화석 5장, 만화방석 5장, 잡채화석 5장, 인삼 30근, 호피 2장, 표피 2장, 녹피 2장, 화연 3면, 황모필 100자루,

79) 십이율(十二律)의 첫 음이다. 시기적으로 동지(冬至)에 해당한다.『世宗實錄』卷50, 世宗 12年 閏12月 己未(23日).

80) 원문의 '丹扆'은 천자가 앉는 자리의 뒤에 두르는 붉은 병풍을 말한다.

유매묵 50정, 백선 100자루, 잡색마 10필.

이 물건들은 산지가 비루하고 멀어서 진귀한 품질을 가진 것이 아니니, 어찌 올리기에 합당한 물건이겠습니까. 오직 이 물건으로 말미암아 마음의 정성을 표시하려는 것입니다. 신은 황송하고 간절함을 가눌 길이 없어, 삼가 표와 함께 봉진해 올립니다.

만력 24년 11월 3일 조선국왕 신 이(李) 휘(諱)는 삼가 표를 올립니다.

19. 仁聖皇太后前進獻禮物狀[81)]

32a-32b(219~220쪽)

朝鮮國王臣姓諱, 謹備仁聖懿安康靜皇太后陛下進獻禮物.

白苧布 一十匹.

白綿紬 一十匹.

滿花方席 五張.

白扇 三十把.

右件物等謹奉進以聞.

萬曆二十四年十一月初三日 朝鮮國王臣姓諱.

81) 본 문서에는 별도로 두주가 달려 있지 않다. 조선국왕이 동지절을 맞아 명의 인성의안강정황태후(仁聖懿安康靜皇太后, ?~1596)에게 보낸 장문(狀聞)이다. 명 목종(穆宗)의 황후 효안황후(孝安皇后) 진씨(陳氏)를 지칭한다. 1588년 유왕비(裕王妃) 이씨(李氏)가 사망한 후 유왕(裕王)의 계비(繼妃)가 되었고, 1567년 유왕이 황제에 즉위하여 황후로 격상되었다. 효안황후는 1572년 뎌 신종(神宗) 즉위 후에 신종의 모후인 황귀비(皇貴妃) 이씨와 함께 태황후로 격상되어 인성 황태후라는 존호를 받았다.

조선국왕 신 이(李) 휘(諱)는 삼가 아래와 같이 인성의안강정황태후 폐하께 진헌하는 예물을 갖춥니다.

백저포 10필, 백면주 10필, 만화방석 5장, 백선 30자루.

이 물건들을 삼가 봉진해 올립니다.

만력 24년 11월 3일 조선국왕 신 이(李) 휘(諱).

20. 慈聖皇太后前進獻禮物狀[82)]

32b-33a(220~221쪽)

朝鮮國王臣姓諱, 謹備慈聖宣文明肅皇太后陛下進獻禮物.

白苧布 一十匹.

白綿紬 一十匹.

滿花方席 五張.

白扇 三十把.

右件物等謹奉進以聞.

萬曆二十四年十一月初三日 朝鮮國王臣姓諱.

조선국왕 신 이(李) 휘(諱)는 삼가 아래와 같이 자성선문명숙황태후 폐하께 진헌하는 예물을 갖춥니다.

---

82) 본 문서에는 별도로 두주가 달려 있지 않다. 조선국왕이 동지절을 맞아 명의 자성선문명숙황태후(慈聖宣文明肅皇太后, 1544~1614)에게 보낸 장문이다.

백저포 10필, 백면주 10필, 만화방석 5장, 백선 30자루.

이 물건들을 삼가 봉진해 올립니다.

만력 24년 11월 3일 조선국왕 신 이(李) 휘(諱).

# 21. 中宮前進獻禮物狀[83]
33a(221쪽)

朝鮮國王臣姓諱, 謹備中宮殿下進獻禮物.

白苧布 一十匹.
白綿紬 一十匹.
滿花方席 五張.
白扇 三十把.

右件物等謹奉進以聞.

萬曆二十四年十一月初三日 朝鮮國王臣姓諱.

조선국왕 신 이(李) 휘(諱)는 삼가 아래와 같이 중궁 전하께 진헌하는 예물을 갖춥니다.

83) 본 문서에는 별도로 두주가 달려 있지 않다. 조선국왕이 동지절을 맞아 황후인 효단현황후(孝端顯皇后, 1564~1620)에게 보낸 장문이다.

백저포 10필, 백면주 10필, 만화방석 5장, 백선 30자루.

이 물건들을 삼가 봉진해 올립니다.

만력 24년 11월 3일 조선국왕 신 이(李) 휘(諱).

22. 請禮部聞奏咨[84)]
33a-33b(221~222쪽)

朝鮮國王,

爲 進賀 事.

欽遇萬曆二十四年十一月初三日, 冬至令節, 修撰到進賀表文, 并備進獻禮物, 差陪臣吏曹參判朴東亮, 齎擎管領前赴京師進賀外, 今將禮物開坐, 合行移咨, 請照驗聞奏施行. 須至咨者.

一 白苧布 二十匹 禮物上同.

一 雜色馬 一十匹

右咨禮部.

萬曆二十四年八月十九日.

84) 본 문서에는 별도로 두주가 달려 있지 않다. 조선국왕이 예부로 보내는 자문이다.

발신: 조선국왕
사유: 진하(進賀)하는 일입니다.

삼가 만력 24년(1596) 11월 3일 동지영절을 맞아 진하표문을 짓고 아울러 진헌예물을 갖추어 배신 이조참판 박동량을 파견하여 받들어 가지고 전적으로 책임을 맡아 경사로 가서 진하하게 한 것 외에도, 지금 예물을 열거하여 마땅히 자문을 보내오니 청컨대 살펴서 주문해 주시기 바랍니다. 자문이 잘 도착하기를 바랍니다.

하나. 백저포 20필. 예물은 위와 같다.
하나. 잡색마 10필.

이 자문을 예부에 보냅니다.

만력 24년 8월 19일.

23. 請給曆日咨[85]

33b(222쪽)

朝鮮國王,

爲 曆日 事.

萬曆二十五年大統曆日, 理宜照例咨請. 煩爲照驗聞奏, 頒降施行. 須至咨者.

右咨禮部.

萬曆二十四年八月十九日.

발신: 조선국왕

사유: 역일(曆日)에 대한 일입니다.

만력 25년(1597) 대통력일을 규례대로 자문으로 요청해야 이치상 마땅할 것입니다. 번거롭더라도 살펴 상주하셔서 반포해 주시도록 해주십시오. 자문이

85) 본 문서에는 별도로 두주가 달려 있지 않다. 조선국왕이 예부로 보내는 자문이다.

잘 도착하기를 바랍니다.

이 자문을 예부에 보냅니다.

만력 24년 8월 19일.

24. 請禮部聞奏咨[86)]

33b-34a(222~223쪽)

朝鮮國王,

爲 進賀 事.

欽遇萬曆二十四年十一月初三日, 冬至令節, 差陪臣吏曹參判朴東亮, 齎領進賀表文·禮物赴京, 幷齎仁聖懿安康靜皇太后陛下, 進獻禮物前去. 今將禮物開坐, 合行移咨, 請照驗聞奏施行. 須至咨者.

一 白苧布 一十匹 禮物上同.

右咨禮部.

萬曆二十四年八月十九日.

발신: 조선국왕

86) 본 문서에는 별도로 두주가 달려 있지 않다. 조선국왕이 예부로 보내는 자문이다.

사유: 진하하는 일입니다.

삼가 만력 24년(1596) 11월 3일 동지영절을 맞아, 배신 이조참판 박동량을 파견하여 진하표문과 예물을 갖고 경사로 나아가도록 하고 아울러 인성의안 강정황태후 폐하께 진헌할 예물을 가지고 가도록 했습니다. 지금 예물을 열거하여 마땅히 자문을 보내오니 청컨대 살펴서 주문해 주시기 바랍니다. 자문이 잘 도착하기를 바랍니다.

하나. 백저포 10필. 예물은 위와 같다.

이 자문을 예부에 보냅니다.

만력 24년 8월 19일.

25. 請禮部聞奏咨[87)]

34a-34b(223~224쪽)

朝鮮國王,

爲 進賀 事.

欽遇萬曆二十四年十一月初三日, 冬至令節, 差陪臣吏曹參判朴東亮, 齎領進賀表文·禮物赴京, 并齎慈聖宣文明肅皇太后陛下, 進獻禮物前去. 今將禮物開坐, 合行移咨, 請照驗聞奏施行. 須至咨者.

一 白苧布 一十匹 禮物上同.

右咨禮部.

萬曆二十四年八月十九日.

발신: 조선국왕

87) 본 문서에는 별도로 두주가 달려 있지 않다. 조선국왕이 예부로 보내는 자문이다.

사유: 진하하는 일입니다.

삼가 만력 24년(1596) 11월 3일 동지영절을 맞아, 배신 이조참판 박동량을 파견하여 진하표문과 예물을 가지고 경사로 나아가도록 하고, 아울러 자성선문명숙황태후 폐하께 진헌할 예물을 가지고 가도록 했습니다. 지금 예물을 열거하여 마땅히 자문을 보내오니 청컨대 살펴서 주문해 주시기 바랍니다. 자문이 잘 도착하기를 바랍니다.

하나. 백저포 10필. 예물은 위와 같다.

이 자문을 예부에 보냅니다.

만력 24년 8월 19일.

26. 請禮部聞奏咨[88)]

34b(224쪽)

朝鮮國王,

爲 進賀 事.

欽遇萬曆二十四年十一月初三日, 冬至令節, 差陪臣吏曹參判朴東亮, 齎領進賀表文·禮物赴京, 幷齎中宮殿下, 進獻禮物前去. 今將禮物開坐, 合行移咨, 請照驗聞奏施行. 須至咨者.

一 白苧布 一十匹 禮物上同.

右咨禮部.

萬曆二十四年八月十九日.

발신: 조선국왕

88) 본 문서에는 별도로 두주가 달려 있지 않다. 조선국왕이 예부로 보내는 자문이다.

사유: 진하하는 일입니다.

삼가 만력 24년(1596) 11월 3일 동지영절을 맞아, 배신 이조참판 박동량을 파견하여 진하표문과 예물을 가지고 경사로 나아가도록 하고, 아울러 중궁 전하께 진헌할 예물을 가지고 가도록 했습니다. 지금 예물을 열거하여 마땅히 자문을 보내오니 청컨대 살펴서 주문해 주시기 바랍니다. 자문이 잘 도착하기를 바랍니다.

하나. 백저포 10필. 예물은 위와 같다.

이 자문을 예부에 보냅니다.

만력 24년 8월 19일.

27. 請護送咨[89)]

34b-35a(224~225쪽)

朝鮮國王,

爲 進賀 事.

欽遇萬曆二十四年十一月初三日, 冬至令節, 差陪臣吏曹參判朴東亮, 齎領進賀表文·禮物, 幷齎實封奏本前赴京師, 經由貴治馳驛前去. 合行移咨, 請照驗護送施行. 須至咨者.

右咨遼東都指揮使司.

萬曆二十四年八月十九日.

발신: 조선국왕

사유: 진하하는 일입니다.

삼가 만력 24년(1596) 11월 3일 동지영절을 맞다, 배신 이조참판 박동량을

89) 본 문서에는 별도로 두주가 달려 있지 않다. 조선국왕이 요동도지휘사사로 보내는 자문이다.

파견하여 진하표문과 예물 그리고 실봉주본을 아울러 가지고 경사로 나아가도록 하였는데, 귀사에서 관할하는 역을 경유하여 가게 됩니다. 마땅히 자문을 보내오니 청컨대 살펴서 호송해 주시기 바랍니다. 자문이 잘 도착하기를 바랍니다.

이 자문을 요동도지휘사사에 보냅니다.

만력 24년 8월 19일.

28. 申諭倭酋約定謝恩倭數

35a-41a(225~237쪽)

朝鮮國王臣姓諱 謹奏,

爲 懇乞聖明, 特下嚴旨, 申諭倭酋, 將該謝恩人數, 省約進京, 仍另加鈐束, 以防不虞 事.

據議政府狀啓.

該欽差册封日本正使伺候陪臣李恒福報說.

聽得册使未過海之先, 釜山等處衆倭俱說, 册使事完回還時, 分付行長, 當帶同累百人衆, 跟隨出來, 赴京謝恩.

又該慶尙等道都體察使李原翼[90]關.

據梁山郡守金克裕·東萊縣令李惟誠等呈.

有本國通信使黃愼·朴弘長等, 一起員役於本年八月初八日, 過海前去.

又據體探人崔沂告稱.

蒙差前往釜山·竹島·加德·安骨等處, 看得四處留下倭衆, 幷該

90) 이원익(李元翼, 1547~1634)을 이른다.

往來商倭總計，不下八千餘名．等因．

得此．臣等竊照，本賊兇狡，有素變詐百端．當初小西飛於闕庭面審之時，約以若得准封，一倭不敢留住朝鮮，目今册使過海，而四處之倭，留住如前．平調信等又說，須得本國信使前去，方始盡撤，黃愼·朴弘長等，今已過海前去，而猶尙冥頑不動，奸狀如此．其謝恩人舩數目，雖有天朝原定約束，又難保其一一遵依，則平行長帶同累百倭子之說，其情委係叵測．謹按大明會典，日本進貢舩，毋過三隻，人毋過三百．而在先嘉靖年間，日本夷使，以八百倭子，進入寧波等處，流害府縣．在天朝地方，尙且如此，況於本國殘破之餘乎．大抵原定三百人數，盖幷其渡海水夫，而言非係進京之數．且本國進貢等陪臣例，於遼東發還原帶軍馬，只帶通事跟隨若干人等，前赴京師．而安南·琉球及西番諸國夷使，亦皆於到卸邊徼之後，略其跟從，方許進京．合無備將前因具本星夜馳奏，懇乞特下嚴旨，令欽差册封日本正副二使，預先申諭該酋，將該謝恩倭子，遵依原定約束，人毋過三百，船毋過三隻，至對馬島候旨定數．查依前項諸國進貢事例，省約進京．仍令嚴加鈐束，於本國地方，一毫不許擾害．而或自禮·兵二部，移咨本國，著令憑藉天朝號令，據理省諭，禁其縱恣，或另差將官一員，專管禁約，勾當來住釜山，令伊進退，一遵朝廷分付．相應．等因．

具啓．據此，臣查照，先該萬曆二十三年三月內，准遼東都指揮使司咨．

蒙欽差巡撫遼東地方贊理軍務兼管備倭都察院右僉都御史李案驗．

本年正月二十三日，准兵部咨．

該本部題，爲照，督撫身任封疆，善後之策，委當預講．據議欲愼，選使臣諭倭盡退，往封謝恩之舩隻·人·器，限以數目，無非虞伊情之變詐. 欲愼始以善終, 既經具題前來. 相應酌議覆請, 合候命下, 移文遼鎭督撫衙門, 其日本謝恩人·舩·器具, 除使臣外, 人不得過三百, 舩不得過三隻, 先到對馬島候旨, 定數進京. 等因. 萬曆二十三年正月初八日, 本部尙書石等 具題. 奉聖旨.

俱依議行.

欽此. 欽遵. 擬合就行. 爲此, 合咨前去. 等因.

准此. 臣伏念, 日本謝恩人舩, 到馬島候旨, 定數進京, 則是倭使將取道小邦, 以達上國, 後日禍本, 將在於此. 一番謝恩之後, 托稱貢獻, 往來不絕. 其舩隻人數不定多小, 非小邦所得以鈐束, 欺小邦殘破之極, 取遼·薊便近之路. 凌侮萬端. 窺覘虛實, 則必爲後日無窮之禍, 而聖朝東顧之憂, 殆未艾也. 就行具本, 另差陪臣齎奏. 去後, 叵據遼東都指揮使司咨.

准欽差分守遼海東寧道兼理邊備屯田山東布政使司右參議楊咨.

蒙欽差巡撫遼東地方贊理軍務 兼管備倭兵部右侍郎 兼都察院右僉都御史李案驗.

准兵部咨.

該本部題, 爲照, 朝鮮國王謂, 謝恩倭使, 仍由其國, 恐後假貢欺陵. 玆奉明旨, 許封止貢, 而封後謝恩. 只許一次. 先該督臣孫, 善後之疏, 限其人舩, 本部覆議, 隨册使同至對馬島候旨, 定數進京, 已奉明旨, 寧容他議. 合候命下, 移文使臣李宗城等及遊擊沈惟敬, 封完之日, 明白曉諭關白, 將謝恩人數舩隻, 酌量遣發, 不得過多, 即隨册使前來, 至對馬島暫時住候旨, 定數進京. 併令嚴禁來人, 經過朝鮮, 不許秋毫騷擾, 謝使既回, 永閉此路, 不得再有往還. 仍備咨遼東督撫衙門, 轉行朝鮮國王, 一體遵照施行. 等因. 萬曆二十三年七月二十五日, 太子太保本部尙書石等 具題. 二十八日, 奉聖旨.

這所奏都依擬行. 册封日本, 原爲保全朝鮮, 何必自生疑畏. 便行文與國王知道.

欽此. 欽遵. 擬合就行. 爲此, 合咨前去. 等因.

准此. 行間, 今該前因, 臣竊照, 小邦於日本讎怨已深, 日本始要信使, 臣切痛惋. 及册使屢次勸諭, 命以跟隨, 則小邦禮不敢辭, 順差原委陪臣黃愼, 帶同一起員役, 急速渡海, 聽候册使分付, 爲之進退. 仍將差送緣由, 具本奏訖. 及黃愼臨當過海, 則册使之行已遠, 不可以跟隨爲名. 近准兵部咨內, 如果釋憾修好, 則不宜峻絶, 一聽彼國君臣相機而行, 不得因而別啓釁端, 致稽大典. 伊之誠心釋憾, 固未可知, 而天朝册使已爲過海, 臣不敢靳一陪臣, 致稽大典. 且已經奏聞, 不可中止, 就令黃愼等, 稱以信使, 已爲前去, 則天朝之爲小邦慮, 小邦之包羞忍恥, 欲自圖存者, 無所不至. 而四屯之倭, 留住如前, 其情所在, 實爲難測. 始說册使渡海, 方爲撤回, 及册使已渡, 則又說須得小邦信使, 始可盡撤. 信使已去, 而猶尙冥頑不動, 此已與當初一倭不留之約有異. 今者謝恩倭衆, 又將經由小邦, 則其人船數目, 候旨進京. 雖有天朝原定約束, 不可必其一一遵依. 而釜山等處倭衆, 已說, 行長當帶累百人衆赴京謝恩. 若果帶同累百, 穿過小邦腹裏地方, 侵侮百端, 則將何以禁遏, 而保無意外之虞乎. 伏乞聖明洞照倭奴前後情形, 特下嚴旨, 着令欽差册封二使, 預先申諭該酋, 將該謝恩倭子, 遵依原定約束, 來到對馬島地方, 候旨定數. 查依諸國進貢事例, 省約進京. 仍令嚴加鈐束, 於小邦地方, 一毫不許擾害. 而或命下禮·兵二部, 行文小邦, 使小邦亦得以憑藉天朝號令, 省諭伊使, 禁其縱恣. 或另差的當將官一員, 專管禁約, 勾當來住釜山, 鈐束倭衆, 着令一遵朝廷分付. 使臣殘破之國, 得蒙終始恩護, 不勝幸甚. 緣係懇乞聖明, 特下嚴旨, 申諭倭酋, 將該謝恩人數, 省約進京. 仍另加鈐束, 以防不虞事理. 爲此, 謹具奏聞.

右謹奏聞, 伏候聖旨. 萬曆二十四年八月十九日. 朝鮮國王臣姓諱.

발신: 조선국왕 신 이(李) 휘(諱)는 삼가 상주합니다.

사유: 간절히 성명께 바라건대, 특별히 엄한 성지를 내려 주시어 일본군의 추장을 말로 타일러 사은하러 오는 인원수를 약속을 살펴 경사로 가도록 하고 덧붙여 더욱 철저히 검속하여 뜻밖의 사태를 막도록 하는 일입니다.

[조선국왕] 의정부의 장계를 받았습니다.

[의정부] 흠차책봉일본정사사후배신 이항복이 보고하였습니다.

[이항복] 듣건대, 책봉사가 아직 바다를 건너기 전 부산 등처에서 여러 일본인들이 모두 "책봉사가 일을 마치고 돌아갈 때, (관백이) 유키나가[91]에게 수백 명의 무리를 대동하고 따라와서 경사로 나아가 사은하게 하라고 분부하였습니다"라고 말했습니다.

[의정부] 또 경상등도도체찰사 이원익(李原翼)의 관문(關文)입니다.

[이원익] 양산군수 김극유와 동래현령 이유성의 정을 받았습니다.

91) 원문에는 '行長'으로 기재되어 있다.

[김극유·이유성] 본국의 통신사 황신·박홍장 일행이 올해 8월 8일에 바다를 건너갔습니다.

[이원익] 또 체탐인(體探人) 최기(崔沂)가 고했습니다.

[최기] 차출되어 부산·죽도·가덕도·안골포 등처에 가보니, 4곳에 잔류한 일본인의 무리와 장사하러 왕래하는 일본인까지 아울러 모두 8천여 명을 밑돌지 않았습니다.

[의정부] 이를 받고 신들이 가만히 살펴보건대, 일본은 흉악하고 교활하여 평소에도 변덕스러운 것이 백 가지나 되었습니다. 당초 소서비(小西飛)[92]를 관정(關庭)에서 마주하고 심리할 때, 만약 책봉을 승인받게 되면 한 명의 일본인도 감히 조선에 잔류시키지 않을 것이라고 약속했는데, 지금 책사가 바다를 건너갔으나 4곳의 일본인들은 이전과 다름없이 잔류하고 있습니다. 다이라노 시게노부[93] 등이 또 말하기를, "모름지기 본국의 신사(信使)가 가야만 바야흐로 모두 철수할 것이다"라고 하였는데, 황신과 박홍장이 지금 이미 바다를 건너갔으나 여전히 우매하고 완고하게 움직이지 않으니 간교한 정상이 이와 같습니다. 그 사은하러 오는 인원과 선박의 수효에 대해서는 비록 천조에서 정해 둔 약속이 있지만 또 그것을 일일이 준수할 것이라 보장하기 어려운즉, 다이라노 유키나가[94]가 수백 명의 일본인을 대동한다는 말은 그 실정을 실로 헤아릴 수 없는 것입니다. 삼가 『대명회전(大明會典)』을 살펴보건대, 일본의 진공선은 3척을 넘지 않고,

92) 고니시 유키나가의 부하 나이토 조안(內藤如安, ?~1626)이다. 조선과 명에서는 소서비로 불렸다. 1593년 3월 이후 명일 간 강화협상이 재개되면서 도요토미 히데요시의 책봉 문제가 주요 의제 중 하나로 떠올랐다. 이 사안과 관련하여 나이토 조안이 1593년 하반기에 조선을 거쳐 1594년 12월 북경에 들어가 도요토미 히데요시의 표문을 바쳤다.

93) 원문에는 '平調信'으로 기재되어 있다. 야나가와 시게노부를 가리킨다.

94) 원문에는 '平行長'으로 기재되어 있다. 고니시 유키나가를 가리킨다.

사람은 300명을 넘지 않습니다. 그러나 앞서 가정 연간에 일본의 오랑캐 사신이 800명의 일본인을 거느리고 영파 등처에 들어갔다가 돌아다니면서 부와 현에 해악을 끼쳤습니다. 천조의 지방에서도 오히려 이와 같이 하는데, 하물며 잔파되고 남은 본국에서이겠습니까. 대저 원래 정해진 300명이라는 수는 대개 그 바다를 건너가는 수부(水夫)를 포함한 것으로 경사로 나아가는 수를 뜻하는 말이 아닙니다. 또 본국에서 진공하는 배신의 예는, 요동에서 원래 대동한 군마를 돌려보내고 단지 통사와 근수할 약간의 사람들만을 데리고 경사로 나아가는 것입니다. 그리고 안남·류큐·서번(西番)의 여러 나라 오랑캐 사신들도 또한 모두 변경에 도착해서 짐을 풀어놓은 뒤 그 뒤따르는 인원을 간략히 하고서야 바야흐로 경사로 가도록 허락받습니다. 전인(前因)을 갖추어 주본을 마련하고 날을 새워 달려가 상주하여 특별히 엄지(嚴旨)를 내려 달라고 간절히 요청하고 흠차책봉일본정사와 부사로 하여금 미리 그 추장을 말로 타일러 사은(謝恩)하러 오는 일본인들은 원래 정해진 약속에 의거하여 준행해서 사람은 300명을 넘지 않고 배는 3척이 넘지 않으며 대마도에 이르러 성지를 기다렸다가 수효를 정하게 하는 것이 어떨까 합니다. 제국(諸國)이 진공하는 사례를 조사하고 의거해서 약속을 살펴 경사로 나가게 하소서. 덧붙여 더욱 엄하게 검속하여 본국 지방에서 터럭만큼도 요란을 피우는 일을 불허하십시오. 혹은 예부(禮部)와 병부에서 본국으로 자문을 보내 천조의 호령에 기대고 이치에 의거하여 성유(省諭)하여 그들이 제멋대로 구는 것을 금지하거나, 혹은 따로 한 명의 장관(將官)을 파견해 금약을 전적으로 관장하되 부산에 와 머물며 담당하게 하여 그들의 진퇴에 있어 한결같이 조정의 분부를 따르도록 해 주십시오.

[조선국왕] 갖추어 온 장계를 받고서 신은 앞서 만력 23년(1595) 3월에 받

았던 요동도지휘사사의 자문을 살펴보았습니다.

[요동도지휘사사] 흠차순무요동지방찬리군무겸관비왜도찰원우첨도어사 이(李)[95]의 안험을 받들었습니다.

[이화룡] 올해 정월 23일에 병부의 자문을 받았습니다.

[병부] 본부의 제본에서 「살펴보건대, 총독과 순무는 봉강(封疆)의 임무를 받았으니 선후(善後)의 계책[96]을 진실로 마땅히 미리 강구해야 할 것입니다. 의논한 것에 의거하여 신중하고자 한다면, 사신을 선발하여 일본군들이 모두 물러가도록 유시하고 가서 책봉한 뒤에 사은하는 선박과 사람, 물건의 수효를 한정함으로써 저들의 속임수를 대비하지 않을 수 없습니다. 신중하게 시작하여 잘 끝마치고자 한다면 이미 갖춘 제본을 보내어 마땅히 적절하게 의논하도록 해서 거듭 주청하고 명령이 내려지기를 기다렸다가 요진(遼鎭)의 총독과 순무 아문에 문서를 보내어 일본의 사은하러 올 사람·선박·물건의 경우, 사신(使臣)을 제외하고 사람은 300명을 넘지 않고 선박은 3척을 넘지 않되 먼저 대마도에 이르러 성지를 기다렸다가 수효를 정해서 경사로 오게 해야 합니다」라고 하였습니다. 만력 23년(1595) 1월 8일, 본부상서 석(石)[97] 등이 제를 갖추어 성지를 받들었습니다.

[만력제] 모두 의논한 대로 시행하라.

[병부] 이를 공경히 받들어 삼가 준행해야 하겠습니다. 헤아려 보건대 마땅히 곧바로 시행해야 합니다. 이에 마땅히 자문을 보냅니다.

[조선국왕] 이를 받고 신이 삼가 생각해 보건대, 일본의 사은하는 사람과 선

---

95) 이화룡이다.

96) 적절한 사후조치를 의미한다.

97) 석성이다.

박이 대마도에 이르러 성지를 기다렸다가 수효를 정하여 경사로 가게 된다면, 이는 일본 사신이 소방의 길을 취하여 상국(上國)으로 가게 되는 것이니, 훗날 화의 근본[禍本]이 여기에 있는 것입니다. 한 번 사은한 뒤에는 공물을 바친다는 핑계로 끊임없이 왕래하게 될 것입니다. 그 선척과 인원의 다소를 정해 두지 않으면 소방은 검속할 수 없어서 극도로 잔파된 소방을 속이고 계주와 요동의 편하고 가까운 길을 취할 것입니다. 갖은 능멸을 가하면서 허와 실을 살피게 되면 필시 훗날의 끝없는 화가 될 것이니, 성조(聖朝)께서 동쪽을 돌아보는 근심이 그치지 않게 될 것입니다. 즉시 주본을 갖추어 별도로 배신을 파견하여 가지고 가서 상주하게 했습니다. 이후 다시 요동도지휘사사의 자문을 받았습니다.

[요동도지휘사사] 흠차분수요해동녕도겸리변비둔전산동포정사사우참의 양(楊)[98]의 자문을 받았습니다.

[양호] 흠차순무요동지방찬리군무겸관비왜병부우시랑겸도찰원우첨도어사 이(李)[99]의 안험을 받들었습니다.

[이화룡] 병부의 자문을 받았습니다.

[병부] 본부의 제본에서 「살펴보건대 조선국왕이 "사은하러 오는 일본인 사신이 곧 그 나라를 경유한다고 하니 나중에 거짓으로 공물을 바친다면서 기망하고 능멸할까 두렵습니다"라고 했습니다. 이제 명지를 받들어 책봉하되 공물을 바치지 않도록 하며 책봉한 뒤에도 한 차례만 사은하도록 허락했습니다. 예전에 독신 손(孫)[100]이 선후의 대책으로 올린 상소에서 그 인원과 선박을 제한하도록

98) 양호를 이른다.

99) 이화룡이다.

100) 손광을 이른다.

했고, 본부에서도 "책봉사를 따라서 함께 대마도에 이르러 성지를 기다렸다가 수효를 정하여 경사로 오게 하십시오"라고 다시 논의하여 이미 명지를 받들었으니 어찌 다른 의견을 수용할 수 있겠습니까. 마땅히 명령이 내려지기를 기다렸다가 사신 이종성 등과 유격 심유경에게 이문하여 책봉이 완료되는 날에 관백에게 명백히 효유(曉諭)해서 장차 사은하는 인원의 수와 선척을 적절히 헤아려서 보내되 지나치게 많아서는 안 되며 즉시 책사를 따라와서 대마도에서 잠시 머물면서 성지를 기다렸다가 수효를 정해 경사로 오도록 하십시오. 아울러 오는 사람들을 엄하게 금지시켜서 조선을 경과할 때 터럭만큼도 소요를 일으키지 못하게 하고 사은사가 돌아간 뒤에는 영원히 이 길을 폐쇄하여 다시는 왕래하지 못하게 하십시오. 덧붙여 자문을 갖추어 요동의 총독과 순무 아문에 보내고 조선국왕에게도 문서를 보내어 일체 지시에 따라 준행하게 하십시오」라고 하였습니다. 만력 23년(1595) 7월 25일 태자태보본부상서 석(石)[101] 등이 제본을 갖추어 올렸습니다. 28일에 성지를 받들었습니다.

[만력제] 이번에 아뢴 바에 모두 의거하여 헤아려 시행하라. 일본을 책봉하는 것은 원래 조선을 보전하고자 하는 것인데, 어째서 꼭 스스로 의심하고 두려워하는가. 즉시 국왕에게 문서를 보내어 알리라.

[병부] 이를 공경히 받들어 삼가 준행해야 하겠습니다. 헤아려 보건대, 마땅히 바로 시행해야 합니다. 이에 마땅히 자문을 보냅니다.

[조선국왕] 이를 받고 시행하는 동안 이번에 위의 자문을 받고서 신이 가만히 살펴보건대, 소방은 일본에 대해 원한을 가진 것이 매우 깊은데 일본이

---

101) 석성이다.

처음에 신사를 요구해 왔을 때 신은 분통이 터졌습니다. 책사가 누차에 걸쳐 권유하고 근수하라고 명하였기에, 소방은 예의에 있어 감히 거절할 수 없어 순차원임배신 황신을 파견하여 한 무리의 원역을 대동하고 급히 바다를 건너가 책사의 분부에 따라 진퇴하도록 했습니다. 덧붙여 파견하게 된 연유를 주본으로 갖추어 아뢰었습니다. 황신이 바다를 건너게 되었을 때에 이르러서는 책사의 행차가 너무 멀어서 근수한다는 명칭을 쓸 수 없었습니다. 근래 받은 병부의 자문에서 「만약 과연 감정을 풀고 화호를 닦겠다면 준엄하게 끊지 않아야 마땅하니 한 결 같이 그 나라 군신들이 기회를 보아 시행하게 하되 이로 인해 또 다른 흔단을 열어 큰 의례[102]를 지연시키는 데 이르러서는 안 될 것입니다」라고 하였습니다. 저들이 진실한 마음으로 감정을 풀고자 하는 것인지는 참으로 알지 못하겠지만 천조의 책사가 이미 바다를 건넜으니 신은 감히 배신 한 명을 아껴서 큰 의례를 머뭇거리게 할 수 없었습니다. 또한 이미 주본으로 아뢴 만큼 중지할 수 없어서 곧바로 황신 등으로 하여금 신사로 칭하여 이미 가도록 한즉, 천조에서 소방을 위해 염려해서 소방이 수치를 감내하고 스스로 보전하도록 해 준 것은 지극하지 않은 바가 없었습니다. 그러나 4곳에 주둔하고 있는 일본군이 전과 같이 머물고 있으니 그 실정이 어떠한지 실로 헤아리기 어렵습니다. 처음에는 책사가 바다를 건너면 바야흐로 철수해서 돌아갈 것이라고 말하더니, 책사가 바다를 건너자 또다시 소방의 신사를 얻어야 비로소 모두 철수할 것이라고 하였습니다. 신사는 갔지만 오히려 여전히 어리석게도 완고히 버티며 움직이지 않으니, 이는 이미 당초에 한 명의 일본군도 머물게 하지 않겠다던 약속과 다름이 있는 것입니다. 이번에 사은하는 일본군의 무리가 또다시 소방을 경유하고자 한즉, 그 인원과 배의 수효를 성지가 내리기를 기다렸다가 경사로 오게 했습니다. 비

102) 도요토미 히데요시의 일본국왕 책봉을 의미한다.

록 천조에서 원래 정한 약속이 있다고 하더라도 (저들이) 그것을 일일이 의거하여 따르지는 기필할 수 없습니다. 부산 등처의 일본군 무리들이 이미 "유키나가[103]가 수백 명의 무리를 데리고 경사로 가서 사은할 것이다"라고 말했습니다. 만약 과연 수백 명을 대동하고 소방의 내지를 관통하게 된다면 침탈하고 능멸하는 단서가 헤아릴 수 없을 것인즉, 장차 어떻게 막을 것이고 또 뜻밖의 환난이 없을 것이라고 보장할 수 있겠습니까. 엎드려 바라건대, 성명께서는 전후 일본군들의 정형을 통촉하사 특별히 엄한 성지를 내리셔서 흠차책봉정사·부사로 하여금 미리 먼저 그 추장에게 말로 타일러 사은하러 오는 일본인들이 원래 정해 둔 약속을 따라서 대마도 지방에 이르러 성지를 기다렸다가 수효를 정하게 하소서. 제국이 진공하는 사례를 조사하고 의거해서 약속을 살펴 경사로 나가게 하소서. 덧붙여 더욱 검속해서 소방의 지역에서 터럭만큼도 요란을 피우는 일을 불허해 주십시오. 혹은 예부와 병부에 명하시어 소방에 문서를 보내 소방으로 하여금 또한 천조의 호령에 기대어 그들의 사신에게 성유(省喩)하여 그들이 제멋대로 구는 것을 금하게 해 주십시오. 혹은 따로 적당한 장관 1명을 파견하셔서 금약을 전적으로 관장하되 부산에 와 머물며 담당하게 해서 일본군 무리를 검속하여 한 결 같이 조정의 분부를 따르게 하소서. (이로써) 신의 형편없이 부서진 나라로 하여금 끝까지 은혜로운 보호를 입을 수 있게 해 주신다면 더 없는 다행일 것입니다. 이와 관련하여 성명께 간절히 바라건대, 특별히 엄한 성지를 내리시어 일본군의 추장에게 말로 타일러 사은하러 오는 사람의 수는 약속을 살펴서 경사로 가게 하소서. 덧붙여 더욱 검속하여 예기치 못한 일을 방지하도록 해 주십시오. 이에 삼가 주본을 갖추어 아룁니다.

103) 원문에는 '行長'으로 기재되어 있다.

만력 24년 8월 19일 조선국왕 신 이(李) 휘(諱)가 이같이 삼가 주문하고 성지를 기다리겠습니다.

# 29. 請禮部聞奏咨[104)]
41a(237쪽)

朝鮮國王,

爲 懇乞聖明, 特下嚴旨, 申諭倭酋, 將該謝恩人數, 省約進京, 仍另加鈐束, 以防不虞 事.

據議政府狀啓.

該欽差册封日本正使伺候陪臣李恒福報說. 云云.

爲此, 順差陪臣吏曹參判朴東亮, 齎捧實封奏本, 前赴京師進呈外, 合行移咨, 請照驗聞奏明降施行. 須至咨者.

右咨禮部.

萬曆二十四年八月十九日.

발신: 조선국왕

사유: 간절히 성명께 바라건대, 특별히 엄한 성지를 내려 주시어 일본군의 추

104) 본 문서에는 별도로 두주가 달려 있지 않다.

장을 말로 타일러 사은하러 오는 인원수를 약속을 살펴 경사로 가도록 하고 덧붙여 더욱 철저히 검속하여 뜻밖의 사태를 막도록 하는 일입니다.

[조선국왕] 의정부의 장계를 받았습니다.

[의정부] 흠차책봉일본정사사후배신 이항복이 보고하였습니다. 「운운」 하였습니다.

[조선국왕] 이에 순차배신 이조참판 박동량을 선발하여 실봉주본을 받들어 가지고 경사로 가서 진정하게 하는 것 외에도, 마땅히 자문을 보내오니 청컨대 아뢰는 주본을 살펴 아뢰어 명지를 내리시도록 해 주십시오. 자문이 잘 도착하기를 바랍니다.

이 자문을 예부에 보냅니다.

만력 24년 8월 19일.

30. 請轉報咨[105)]
41b(238쪽)

朝鮮國王,

爲 乞奉明旨, 申諭倭酋, 將該謝恩人數, 省約進京, 仍另加鈐束, 以防不虞 事.

據議政府狀啓.

該欽差册封日本正使伺候陪臣李恒福, 報說. 云云.

爲此, 合行移咨, 請照驗作速轉報施行. 須至咨者.

右咨遼東都指揮使司.

萬曆二十四年閏八月初五日.

발신: 조선국왕

사유: 간절히 성명께 바라건대, 특별히 엄한 성지를 내려 주시어 일본군의

105) 본 문서에는 별도로 두주가 달려 있지 않다. 조선국왕이 요동도지휘사사에게 해당 사안을 전해 달라고 요청하는 자문이다.

추장을 말로 타일러 사은하러 오는 인원수를 약속을 살펴 경사로 가도록 하고 덧붙여 더욱 철저히 검속하여 뜻밖의 사태를 막도록 하는 일입니다.

[조선국왕] 의정부의 장계를 받았습니다.

[의정부] 흠차책봉일본정사사후배신 이항복이 보고하였습니다. 「운운」 하였습니다.

[조선국왕] 이에 마땅히 자문을 보내오니, 청컨대 살펴서 속히 전보(轉報)해 주십시오. 자문이 잘 도착하기를 바랍니다.

이 자문을 요동도지휘사사에 보냅니다.

만력 24년 윤8월 5일.

31. 辨明僞書[106)]
41b-45a(238~245쪽)

朝鮮國王,

爲 辨明僞書 事.

萬曆二十四年七月三十日, 據陪臣戶曹參判具宬伏啓.

臣回自京師, 道路間, 看得抄行文書一道, 該寫.

朝鮮國王書. 奉天朝石太師門下. 吾聞, 天朝之大恩, 册封日本國王關白, 實太師之獨力, 擔當運籌, 日本豈不欲封. 不料海上風霾漸盛, 或風或雨, 或暗或陰, 又兼山水相冲, 舟不能渡. 但日本至釜山, 順水, 釜山至日本, 逆風逆水, 一朝狂風大作, 浪過于天, 故此遲延月日. 吾已于四月十三日, 差陪臣哈金, 領二十餘卒, 探聽日本情形. 至二十日, 方回稱, 日本國王關白, 求天朝之封甚要. 但倭將淸正, 詐拗多端, 其行長恭順之心亦有, 故將倭分作三班, 已渡二班, 上有淸正之倭, 分作一班, 已屯于釜山. 故行長·淸正, 回奏關白言, 倭衆

106) 이 문서는 관련 내용 일부가 다른 자료에 실려 있다. 『宣祖實錄』 卷78, 宣祖 29年 8月 丙申(1日) 두 번째 기사; 崔岦, 『簡易集』 卷5, 槐院文錄, 咨禮部辯明. 이와 관련하여 선조가 유격 섭상과 상의한 내용을 확인할 수 있다. 『宣祖實錄』 卷78, 宣祖 29年 8月 丙申(1日).

二班已渡，止有一班．迎接天使，一渡海後．倭衆盡數撤歸，不許遲緩有悮其天使往封．但我禮節不周，有慢天使．故于正月十五日，差行長來請沈遊擊過海，說講禮義，以天朝往封．其沈遊擊已至相馬島地方，近日本止隔二百餘里．其關白又見沈遊擊渡海，又見天使入營，故令行長將清正之倭，盡數撤回．其清正不肯，行長又差飛彈，回奏關白，關白大惱，將糧食不發來．故清正問小國，要穀種要地圖，心思屯田積草．故吾將穀種與三十石地圖一張，差陪臣永正，齎至鳥嶺地方．淸正見吾穀種，又見地圖，中鳥嶺，有伏兵之處，扼塞有養馬之場，其餘至登萊，乃深山大嶺，虎穴之處，兵不能進，馬不能行，山後有一小路，長三百餘路，有七十二灣，生兵能進，不能出．故懼我不能犯之．又聞，天使于四月初三日，夜逃出釜山，仍乃不知何意．但日本且有恭順之心于天朝，而天朝反無撫字之心于日本，但釜倭帖然，乃是大人威震．我已遺書于關白，天朝差册使，至釜山一年有餘，你國如何不差使臣迎請．關白亦答云，但我甚要封，只待風息，館舍齊備，不日亦迎請矣．但日本情形如此，特差小卒尤方，齎覽以便施行．伏乞鑑照．等語．

看此，臣竊詳本書詞理體格，不似我國文字．我國亦何曾有遥致書帖於兵部之事．想是某色詐妄之人，假托撰出，因何投呈兵部，是何奸計，事係可駭．爲此，將原書謄寫，馳啓．等因．

具啓．據此．當職爲照，小邦，凡有事情，或報或請，須用文書，其在封疆之上，則只得于遼東都司，其有使介，前赴京師，則只得于貴部有移咨之例，雖事係他衙門者，必關由轉行．惟自軍興以來，緣事機迫切，於兵部及行部等衙門，不得必須轉報·轉請，然且依式樣修咨而已．今乃不因使介之行, 直發一走, 遥奉書帖於本兵大臣, 則揆之事體·事理, 寧有是乎. 當職, 實不敢知何等詐妄人, 撰出一件文字, 暗投兵部, 至於流播. 當職, 不勝駭懼. 就又詳其詞節, 如於尙書位號, 則錯稱太師, 當職自稱, 則曰吾曰我. 陪臣哈金·永正, 似若去姓而言名, 否則非小邦所有之姓, 亦與小邦官人名字不類. 小卒, 又非小邦人役之稱呼, 而尤方者, 何從齎致此書, 於何所免被審覺也. 小邦書籍, 盡爲倭賊所得, 清正豈應討要地圖, 假令討要小邦, 豈應并與穀種而與之. 況其所開地形道里, 如至登萊云云者, 非小邦地圖所有, 此皆不待多辨, 而立見其僞者也. 若其所以爲說之大要, 下以爲倭保必其恭順無他, 上以儌速天朝之恩信於彼, 當職, 雖不能自振, 以逞志於讐賊, 然至於此, 則不忍爲也. 即取當職前後奏·咨, 考之, 足明其無是也. 夫以貴部與兵部, 高明之下, 必已照見其書之僞妄, 而竊恐傳聞之人, 未必盡詳小邦事體·事理, 容或以為當職之爲也. 當職, 不得避煩猥之罪, 而無辨明之言. 爲此, 合行移咨, 請照驗施行. 須至咨者.

右咨禮部.

萬曆二十四年八月十九日.

발신: 조선국왕

사유: 위서를 밝혀 가리는 일입니다.

[조선국왕] 만력 24년(1596) 7월 30일, 배신 호조참판 구성이 올린 계(啓)를 받았습니다.

[구성] 신이 경사[北京]로부터 돌아올 때 길 위에서 등초(謄抄)로 행이(行移)되는 문서 1통을 발견하고 베껴 썼습니다(그 내용은 다음과 같습니다).

[등초사본] 조선국왕이 씁니다. 삼가 천조의 석 태사[107] 문하(門下)에 보냅니다. 내가 듣건대 천조의 대은(大恩)으로 관백을 일본국왕으로 책봉한다고 하였는데, 실로 태사가 혼자의 힘으로 담당하여 궁리한 일이었으니 일본이 어찌 책봉을 받으려 하지 않겠습니까. 뜻밖에 바다에 흙먼지가 점차 일어나고 더러 바람이 불거나 비가 내리며 때로 어두운 그림자가 드리워진데다가, 산과 물이 맞부딪쳐 배가 건널 수 없게 되었습니다. 다만 일본에서 부산에 다다를 때는 물의 흐름이 순탄하였는데, 부산에서 일본으로 갈 때는 바람과 물을 거스르기도 하였으며 하루아침에 광풍이 몰아치고 파도가 하늘까지 치솟는 까닭에 이렇게 시일이 지체된 것입니다.

나는 이미 4월 13일에 배신 합금(哈金)을 차견하여 20여 군사를 거느리고 일본의 정형을 탐청하도록 하였습니다. 20일에 이르러 돌아와 "일본의 국왕 노릇을 하는 관백이 천조로부터 책봉을 받기를 간절히 바라고 있습니다. 다만 일본군 장수 기요마사[108]는 여러 가지로 술책을 쓰되 그래도 유키나가[109]는 (히데요시의 뜻을) 공경히 따르려는 마음이 있었기에 일본군을 3개 반(班)으로 나누어 이미 2개의 반을 바다를 건너게 했고 그 위에 기요마사의 군사를 1개 반으로 떼서 이미 부산에 주둔시켰다고 합니다. 고로, 유키나가와 기요마사가 관백에게 회주(回奏)로 「일본군의 2개 반은 이미 바다를 건넜고 1개 반만 남게 되었습니다. 천사

107) 석성이다.

108) 원문에는 "淸正"으로 표기되어 있다.

109) 원문에는 "行長"으로 표기되어 있다.

를 영접하여 일시에 바다를 건넌 뒤 일본군을 모두 철수하도록 해서 지체함으로 인하여 천사가 와서 책봉하는 일을 그르치지 않도록 할 것입니다. 다만 우리는 예절이 두루 미치지 못하여 천사에 태만할 수 있습니다」라고 했습니다. 그 때문에 정월 15일에 (관백이) 유키나가를 보내 심 유격[110]에게 가서 바다를 건너와 예의를 강론해 주고 천조에서 오는 책봉을 받기를 청하였습니다. 심 유격이 이미 상마도(相馬島) 지역에 이르렀는데, 일본 근처의 200여 리 떨어진 곳입니다. 관백 또한 심 유격이 바다를 건넌 것을 알았고 또한 천사가 (일본군) 진영에 들어간 것을 알았기 때문에 유키나가로 하여금 기요마사의 군사를 이끌고 모두 철수하여 돌아오도록 했습니다. 기요마사가 그리하지 않으려 하자 유키나가가 다시 히다노카미[111]를 보내 관백에게 회주하니 관백이 크게 심려하여 (일본에서) 양식을 보내오지 않기로 했습니다. 따라서 기요마사가 소국[조선]에 물어 곡종(穀種)과 지도를 요청하며 둔전(屯田)하고 마초를 비축하기로 마음먹고 있습니다"라고 했습니다.

그 때문에 내가 곡종 30석과 지도 1장을 주어 배신 영정(永正)을 차정하여 조령 지방으로 가져가도록 했습니다. 청정이 우리의 곡종을 보고 또 우리의 지도를 보았는데, 그중 조령에 복병을 둘 만한 곳이 있어 요새로서 말을 기를 만한 장소를 둘 만하다 하였고, 그 나머지는 등래에 관하여 이는 곧 심산(深山)·대령(大嶺)이어서 범의 소굴이 될 만하니 군사가 전진하지 못하고 말이 나아가지 못할 것이며, 산의 뒤에는 작은 길 하나가 나 있는데 길이가 300여 로(路)인데다가 72개의 굽이가 있으니 새로운 부대가 전진한다 하더라도 뚫고 나가지 못할 것이므로 우리

110) 심유경이다.

111) 고니시 히다노카미 조안(小西飛彈守如安)으로 나이토 조안을 가리킨다.

(일본군)가 침범하지 못할까 두렵다고 했습니다.

또 들으니 천사가 4월 초삼일 밤에 부산을 도망쳐 나왔는데, 이것이 곧 무슨 뜻이었는지 모르겠습니다. 다만 일본도 천조에 공순한 마음을 가지고 있으나 도리어 천조가 일본을 아끼는 마음이 없음에도 부산의 일본군이 조용한 것은 곧 대인께서 위세를 떨치고 있기 때문입니다. 우리가 이미 관백에게 서신을 보내기를 「천조에서 책사를 보내 부산에 도착한 것이 1년여인데, 너희 나라는 어찌하여 사신을 보내 맞이하기를 청하지 않는가?」라고 하니 관백 또한 「우리는 간절히 책봉을 바라고 있을 뿐이며 다만 바람이 멈추고 관사가 일제히 준비되기를 기다리고 있는데 머지않아 맞이하기를 청할 것이다.」라고 답했습니다. 다만 일본의 사정이 이와 같다는 내용을 특별히 소졸(小卒) 우방(尤方)을 보내 가져가도록 하였으니 가져다 살펴보시고 편의대로 하십시오. 삼가 깊이 살펴봐 주시기 바랍니다.

[구성] 이를 보건대, 신이 가만히 본서의 문자 간 조리[詞理]와 골격을 자세히 살펴보니 우리나라의 문자 같지가 않습니다. 우리나라가 언제 일찍이 멀리서 병부에 서첩을 보낸 일이 있습니까. 이는 모색(某色)[112]의 망령된 인원이 핑계를 대고 문서를 작성한 듯한데 무슨 일로 병부에 올렸으며, 이는 무슨 간계(奸計)인 것인지 일의 관계됨이 놀랍기만 합니다. 이에 원래의 문서를 등사하여 치계합니다.

[조선국왕] 갖추어 올린 장계를 받고서 당직이 가만히 살펴보건대, 소방이 대개 사정이 생겨 보고하거나 요청할 때는 반드시 문서를 작성하는데 봉강에서의 일은 오직 요동도사(遼東都司)에 이행하고 사신을 보낼 일은 경사로 보내 오직 귀부(예부)에 이자하는 예를 따라 비록 다른 아문에 관계되는 일

112) '모 아문의' 또는 '모 소속의'라는 뜻이다.

이라 할지라도 반드시 (귀부의) 공문서를 거쳐 전행(轉行)합니다. 생각건대, 전쟁이 일어난 이래로 사기(事機)가 절박하기 때문에 병부 및 행병부[行部]의 아문에서 (자문을 보낼 때) 반드시 (귀부의) 전보(轉報)와 전청(轉請)을 거치지는 못하나 그렇다 하더라도 정해진 양식에 따라 자문을 작성할 따름입니다. 지금 마침내 사신의 행차를 거치지도 않고 곧바로 달려 먼 곳에서부터 본병대신(本兵大臣)[113]에게 삼가 서첩을 보냈으니 사체와 사리를 헤아려 볼 때 어찌 이런 일이 있단 말입니까.

당직은 실로 어떤 망령된 인원이 한 건의 문자를 지어 내 몰래 병부에 던져 놓고 전파하기까지 했는지 감히 알 수가 없습니다. 당직은 놀라고 두려운 마음을 가누지 못하겠습니다. 나아가 또한 그 문구를 자세히 살펴보건대, 상서와 같은 위호(位號)를 태사라 그릇 칭하였고 당직의 자칭을 '오(吾)'라고 하거나 '아(我)'라고 하였습니다. 배신 합금과 영정은 성을 빼고 이름만을 말한 듯한데, 그렇지 않다면 소방에 있는 성씨가 아니며 또한 소방의 관인이 쓰는 명자(名字)의 부류와 다릅니다. 소졸 역시 소방의 인역(人役)을 부르는 명칭이 아닌데, 우방이라는 자는 어디에서부터 이 문서를 가져왔고 어느 곳에서 심문과 발각을 모면했단 말입니까. 소방의 서적을 모두 일본군이 지니고 있는 바, 기요마사가 어찌 응당 지도를 요구하겠습니까마는 가령 소방에 요구했다 하더라도 어찌 응해서 곡종과 함께 아울러 내어주겠습니까.

게다가 열거된 바의 지형과 지역[道里]에서 등래에 관하여 운운하는 것과 같은 것은 소방의 지도에 있는 곳이 아니니 이는 모두 많은 변석(辨釋)을 하지 않고도 즉시 그 거짓됨을 알 수 있는 것입니다. 진술한 내용의 대요(大要)에 관해서는 (당직이) 아래로는 일본이 틀림없이 공순함을 지켜 다른 뜻이 없다는 것을 말했다는 것이고 위로는 속히 천조의 은혜로 저들에게 신의

---

113) 석성이다.

를 보이기를 바란다는 것인데, 당직이 비록 능히 스스로 떨쳐 일어나 적에게 복수하겠다는 뜻을 펼치고 있지는 못하고 있다 하더라도, 이러한 내용에 이르러서는 차마 행할 수 없는 것들입니다. 당장 당직의 전후 주본과 자문을 가져다 살펴보면 족히 그 옳지 않음이 밝혀질 것입니다. 대저 귀부와 병부는 고명하신 이들로 반드시 그 문서의 거짓되고 망령됨을 이미 살펴 아셨을 테지만, 가만히 생각하건대 전하여 듣는 이들이 반드시 소방의 사체와 사리를 전부 상세하게 알지 못하여 혹시라도 당직이 행한 일이라 여길 수도 있을 듯합니다. 당직은 번거롭고 외람되는 죄를 피하고자 밝혀 가리는 말을 하지 않을 수 없겠습니다. 이에 마땅히 이자하니 청컨대 검토해 주기 바랍니다. 자문이 잘 도착하기를 바랍니다.

이 자문을 예부에 보냅니다.

만력 24년 8월 19일.

32. 琉球國回咨[114]
45a-47b(245~250쪽)

朝鮮國王,

爲 敦隣好, 酬厚恩 事.

萬曆二十三年二月初八日, 有賀至陪臣刑曹參判閔汝慶等, 齎到貴國咨.

前事竊照, 海邦俱都禹績, 緬惟, 祖父繼守封疆, 講信修睦, 始終匪懈, 深堅帝臣之戴, 幸尾上國之塵忝. 以幼沖, 舉署國事, 日夜憂勤, 乾乾惕若, 莅恐弗堪. 奈生同覆戴, 地隔北南. 雖無由會晤一堂, 實馳思於肝膈. 為照, 上年, 本國所差進貢官負, 京師常遇貴國使臣, 傾盖與語, 備聞荷詢人民政事 · 土地物產, 歸踵啓知, 足見重勞遠念, 此情此義, 令人激切感佩. 數歲乏船往来, 以通音信, 而圖報一念, 須臾不忘. 及照萬曆十八年, 本國所屬太平山官上要守等率部衆, 進運米布, 來國被風飄, 到貴轄港地津隘. 查審, 係是琉球人民, 優恤深厚, 差官導送遼東, 轉詣京師. 伏蒙欽差鴻臚寺序班護給, 應付直至福建, 順搭貢船歸國, 復還故土陳情, 宣布錄白, 厚思愛主. 及庶徵盡此矣, 與舉國臣僚, 惟

114) 이 문서는 관련 내용의 일부가 다른 자료에 실려 있다. 『宣祖實錄』 卷78, 宣祖 29年 8月 甲寅(19日); 崔岦, 『簡易集』 卷5, 槐院文錄, 咨回琉球國; 趙慶男, 『亂中雜錄』 3, 丙申.

勤碑刻銘，頌善功德而已．玆歲，貢期，特差正議大夫鄭禮·使者馬富多·通事蔡圭等，齎表赴京，進貢赧無瓊瑶之報，顓具後開絹匹珍藏，恭托使者，帶回獻上，以伸葑菲微誠．伏蘄貴國祚綿山海，萬世覩藩屛之固，壽躋岡岳億代．仰耆頤之尊，薰翰衷曲．謹此箋申，萬望照驗鑑納．等因．

准此．為照，皇上聲教所暨普天之下，凡有民·社·冠帶而國者，皆皇上臣子也．即有俱北面受命，為兄弟之義，豈宜以遠近殊哉．然敝邑距京師三千餘里，貴邦涉風汛，約可幾日程，以抵南徼，由之以至京師，又乃六千餘里，盖二國相距，不啻萬里之遠，而不得躬執聘，以聚京師，則又何因以得邂逅，交際之私耶．獨行人之往來，有時柞值，而談其土地風俗，因此，得之髣髴，以慰悒悒之衷者，想同之也．來咨，此情此義，令人激切之云，豈不重相感哉．及查萬曆十八年間，有貴邦人民駕舡漂到敝境者，而譯審其無他，以為事可矜哀，與我人何異．即爲差官押送遼東，以備奏知轉解，而顧闕一咨相聞者，雖緣敝邑義謹私交於壤地之不相接，亦多見其不敏也．玆者，辱一尺之書，副以兩色之幣，委曲遠問，而辭曰相謝．夫馬牛其風，末界之微事，而越逐不復，則昔有常刑，况我友邦，俱奉皇上仁威，敢有獲其人物，或攘或殘，而不還之理耶．此而得謝則愧矣，然賴好音，而見不遐之心，何幸何幸．鄙忱無以宣導，後開土物菲薄，用付進賀冬至令節陪臣朴東亮，齎到京師，遇有貴邦使臣，即與交送，惟幸萬里相領外，所祝順時加愛．臨紙不勝戀戀之至．爲此，合行回咨，請照驗領納施行．須至咨者．

計開

白苧布二十匹.
白綿紬二十匹.
人參二十觔.

右咨琉球國.

萬曆二十四年八月十九日.
崔岦製.

발신: 조선국왕
사유: 교린을 돈독히 하고 두터운 은혜에 응답하는 일입니다.

[조선국왕] 만력 23년(1595년) 2월 8일, 진하하러 간 배신 형조참판 민여경(閔汝慶) 등이 귀국의 자문을 가지고 왔습니다.

[유구국] 전사(前事)[115]의 일로 가만히 살펴보건대, 해방(海邦)[116]에서는 모두 우(禹)의 공적을 으뜸으로 여기었고 돌아보면 조부(祖父)는 봉강을 계승해 지키면서 신의와 화목을 닦기를 처음부터 내내 게을리하지 않아 황제의 신하로서 받들기를 더욱 굳건히 하여 다행히 상국의 말석[尾]이나마 외람되게 지킬 수 있었습니다. 어린 나이에 국사를 모두 서리(署理)하게 되어 밤낮으로 걱정하고 끊임없이 경계하며 일을 맡음에 감당하지 못

115) 본 문서의 사안인 '爲敦隣好酬厚恩事'를 가리킨다.
116) 유구(琉球)의 자칭이다.

할까 두려운 마음이었습니다. 어찌 같은 천지에 살고 있으면서 땅이 남북으로 떨어져 있는지요. 비록 한자리에 모여 만나지 못한다고 하나 진실로 마음속 깊이 그리워하고 있습니다. 살펴보건대, 저번 해에 본국에서 진공 관원을 차견하였는데, 경사(북경)에서 항상 귀국 사신과 만나게 되면 잠시 수레 덮개를 기울여 이야기를 나누었다는 일과 같이[117] 인민을 다스리는 정사와 토지로부터의 물산을 자세히 문답했고 돌아와 아뢰었는데 멀리서부터 염려해 주시는 수고로움을 끼쳤음을 족히 알 수 있으니 이러한 정의(情義)는 사람을 간절히 감격하고 잊을 수 없게 합니다. 몇 년 동안 배가 왕래하며 소식을 통하기가 어려웠으나 일념으로 보답하기를 잠시라도 잊지 않고 있습니다.

그리고 만력 18년(1590)의 일을 살펴보건대, 본국 소속 태평산관(太平山官)에 있는 요수(要守) 등이 부하를 이끌고 미포(米布)를 운반하여 본국으로 돌아오다가 풍랑에 휩쓸려 귀국이 관할하는 해안의 항구에 도달하였습니다. 이들을 조사하여 유구의 인민이라는 것을 확인하고서는 후히 구휼하며 관원을 차정하여 요동으로 안내하여 보내 (그곳 관원이) 대신 경사로 데려가도록 했습니다. 삼가 흠차홍려시서반 호급(護給)의 알맞은 조처로 곧바로 복건으로 보내 귀국하는 공선(貢船)에 순조롭게 태워 고토(故土)에 돌아와 사정을 아뢰었고 주상[118]을 그리워하는 두터운 마음을 기록해 선포했습니다. 이 모두를 징험하는 일에 미쳐서는 온 나라의 신료와 더불어 오직 비명에 삼가 새겨서 선한 공덕을 기를 것입니다. 올해의 조공 시기에는 특별히 정의대부(正議大夫) 정례(鄭禮)·사자(使者) 마부다(馬富

117) 처음 만난 사이로 수레 덮개를 기울이고 잠깐 이야기했지만 오랜 벗처럼 느껴진다는 의미이다. 司馬遷, 『史記』 卷83, 鄒陽列傳 "諺曰 白頭如新 傾蓋如故".

118) 원문은 "厚思愛主"이며 여기서 '主'는 조선국왕을 지칭하는 듯하다.

多)·통사 채규(蔡圭)를 차정하여 표를 가지고 경사에 가도록 했으나 바치는 공물에 있어서는 부끄럽게도 옥구슬과 같은 보배로 보답하지 못하고 후면에 나열한 비단과 보물을 갖추도록 하여 사자에게 공손히 맡겨 지니고 돌아가 바치게 하여 조그만 정성을 보이고자 합니다. 삼가 귀국의 국운은 산과 바다와 같이 연면하게 이어져 만세토록 번병(藩屛)의 굳건함을 보이고 나라의 수명은 높은 산줄기에 올라 억만 년을 누리기를 기원합니다. 존귀하신 어르신을 우러러 마음속 심정을 애틋한 서신으로 담았습니다. 삼가 이 전문(箋文)을 검토하시고 살펴 받아주시기를 간절히 바랍니다.

[조선국왕] 이를 받고 살펴보건대 황상(皇上)의 위엄과 교화가 미치는 하늘 아래 백성과 사직과 관대를 갖추고 나라를 다스리는 이들은 모두 황상의 신자(臣子)라 할 것입니다. 북면(北面)하고 황상의 명(命)을 받은 이들은 모두 형제의 의리가 있다고 할 것이니 어찌 멀고 가까움으로 마땅히 다르다고 할 수 있겠습니까.

하지만 폐읍(敝邑)은 경사와의 거리가 3천여 리나 떨어져 있고 귀방(貴邦)으로는 순풍을 타고 건너오면 약 며칠 정도 걸려 남쪽 해안에 도착하여 이를 경유해서 경사에 이르려면 다시 장차 6천여 리이니, 대개 두 나라의 거리가 서로 만 리 정도로 멀 뿐이 아니며 (양쪽의 국왕이) 친히 조빙(朝聘)하러 경사에 모일 수도 없으니 또한 어떻게 해후(邂逅)하여 사사로이 교제할 수 있겠습니까. 오직 행인이 왕래하여 때때로 서로 만나 그 토지와 풍속을 이야기하고 그에 따라 들은 바를 어렴풋하게 느끼며 답답한 심정을 달래는 것은 마찬가지일 것이라 생각합니다. 보내온 자문에서 「이러한 정의는 사람을 간절히 감격하게 합니다」라고 하였으니 어찌 서로 공감하지 않겠습니까.

만력 18년의 조사와 관해서는, 귀방의 인민이 배를 타고 폐경에 표류해 온 경우인데 통역으로 상세히 캐물었던 것은 다른 뜻이 있어서가 아니라 일이

안타까웠기 때문이니 어찌 우리의 인민과 다르게 대했겠습니까. 그런즉 관원을 차정하여 요동으로 압송하여 주본을 갖추어 작성하여 올려 대신 해송하도록 하였습니다만 돌아보건대 한 번도 자문을 보내 서로 소식을 전하는 일이 없었던 것은 폐읍이 의리상 땅이 맞닿아 있지 않은 곳과 사적인 교류를 삼가고 있기 때문이라 하더라도 역시 불민했음을 충분히 알고 있습니다. 이번에 한 장의 서신을 보내 주시며 두 가지의 폐백을 덧붙이셨고, 실로 곡진하게 먼 데서부터 안부를 묻고 (본국에) 사례한다고 말하였습니다. 대저 마소가 바람이 나서 달아나는 것과 같은 짐승의 사소한 일이라 하더라도 주인이 경계를 넘어 좇아가거나, 타인이 돌려보내 주지 않으면 예로부터 정해진 형벌이 있는데,[119] 하물며 우리는 우방(友邦)으로 모두 황상의 인애와 위엄을 받들면서 감히 그 사람과 사물을 획득했다고 해서 내쫓거나 해치거나 해서 돌려보내지 않을 이유가 있겠습니까. 이를 두고 사례를 받으니 부끄러울 따름이지만, 그러나 좋은 소식을 듣게 된 덕분에 멀리하지 않는다는 마음을 알았으니 매우 다행입니다. 보잘 것 없는 마음을 펴서 통할 길이 없는데, 후면에 나열한 토산물이 변변치 않지만 동지(冬至) 명절을 진하하러 가는 배신 박동량에 부쳐 경사로 가져가도록 해서 귀방의 사신을 만나게 되면 바로 건네주도록 하였으니 만 리 길을 거쳐서 (귀국이서) 잘 받아주신다면 다행인 것 외에, 철을 따라 강녕하시기를 축원하는 바입니다. 종이를 앞에 놓고 그리워하는 마음을 가눌 길이 없습니다. 이에 마땅히 회자하니 청컨대 검토하시고 영수(領受)하시기를 바랍니다. 자문이 잘 도착하기를 바랍니다.

119)『서경(書經)』에서 인용했다. 말과 소, 하인과 하녀 등이 달아나더라도 주인은 경계를 넘어 좇지 말고, 이를 취득한 타인은 삼가 돌려주어야 한다는 규정이다.『書經集傳』卷10, 周書, 費誓 "馬牛其風, 臣妾逋逃, 勿敢越逐, 祗復之, 我商賚汝, 乃越逐不復, 汝則有常刑".

첨부 내역
백저포 20필.
백면주 20피.
인삼 20근.

이 자문을 유구국에 보냅니다.

만력 24년 8월 19일.
최립이 지었다.

33. 仁聖王后崩逝陳慰表

47b-48b(250~252쪽)

朝鮮國王臣姓諱言, 萬曆二十四年八月二十八日, 原差奏聞陪臣具宬, 回自京師, 伏聞, 本年七月十三日, 大行仁聖懿安康靜皇太后崩逝, 臣與一國臣民, 不勝驚痛, 謹奉表稱慰者.

臣諱 誠惶誠恐, 稽首稽首.

伏以, 慈闈垂範, 仰厚載之難名, 仙馭賓天, 痛長信之永閉, 九囿化育, 悉均摧傷. 欽惟皇帝陛下, 盡制盡倫, 克誠克敬, 承歡膳寢. 久奉文母之徽音, 寓慕羹墻益篤, 虞舜之大孝. 願少寬於在疚, 庸俯慰於含生. 伏念, 臣職叨偏藩, 恩踰內服, 封疆有守, 莫參助哀之班, 奔問無階, 徒切順戀之望. 臣無任望天仰聖, 激切屛營之至, 謹奉表稱慰以聞.

萬曆二十四年閏八月初九日. 朝鮮國王臣姓諱謹上表.

조선국왕 신 이(李) 휘(諱)는 만력 24년(1596) 8월 28일 원차주문배신 구성이 경사(북경)로부터 돌아와 삼가 아뢰기를 본년 7월 13일 대행인성의안강정황태후께서 붕서(崩逝)하셨다는 말을 듣고서 온 나라 신민과 더불어 놀라고 아픔을 금치 못하여 삼가 표를 받들어 위로의 말씀을 드립니다.

신 휘(諱)는 진실로 황공하여 머리를 숙일 뿐입니다.

삼가 보건대, 모후(慈闈)께서는 모범을 남기셨으니 우러러볼 때 두터운 땅을 덮는 무궁한 덕[120]과 같아 말로 드러내기 어려울 정도인데 선어(仙馭)[121]로 하늘에 오르시니 장신궁(長信宮)[122]이 영영 막히게 됨을 애통해 하며 무릇 길러 주시는 보살핌 안에 있던 이들은 모두 기가 꺾이고 몸이 상합니다. 공경히 생각하건대 황제 폐하께서는 법제를 다하고 인륜을 다하며, 능히 참되고 능히 공경하여 식사와 잠자리를 살피는 일로 기쁘게 해 드렸습니다. 오래도록 문모(文母)[123]의 아름다운 말씀을 받들었고 갱장(의 심정으로)[124]으로 더욱 독실하게 (돌아가신 황태후를) 추모하는 마음을 깃들이셨으니 우순(虞舜)[125]의 대효와 같습니다. 바라건대 상중(喪中)이지만 조금이라도 안정되셔서 모든 백성을 굽어보시고 위로해 주십시오. 삼가 생각하건대, 신의 직분이 외람되이 치우친 번방을 맡았고 은혜가 내복(內服)을 넘어섰는데, 봉강을 지

120) 후덕함을 강조한 표현이다. 『周易』 上經 坤 彖曰 "坤厚載物, 德合無疆".

121) 임금의 수레이다. 대체로 임금이 사망한 일을 두고 신선의 수레를 타고 올라간다는[仙馭] 표현을 썼다. 원문에서의 선어는 인성 황태후의 죽음을 의미한다.

122) 한나라의 궁궐 이름이다. 대체로 황제의 조모(祖母)가 거처했다. 원문에서는 인성황태후를 의미한다.

123) 임금의 어머니나 할머니를 높여 부르는 말로 황모(皇母)와 같다.

124) 요(堯)가 사망한 후 순(舜)을 그리워한 고사에서 인용했다. 순이 요를 그리워하여 국그릇에서도 요임금을 보듯이 하였고, 담장에서도 요 임금을 보듯이 하였다는 내용인데, 원문에서는 명 신종(神宗)이 인성 황태후를 항상 그리워하는 마음을 표현했다.

125) 순(舜)의 씨족명이 유우씨(有虞氏)이므로 우순으로 부른 것이다.

키고 있어 슬픔을 함께 하는 반열에 참석하지 못하여 달려가 문안할 길은 없고 한갓 공순하고 연모하는 소망만이 간절할 뿐입니다. 신은 하늘을 바라보고 성총(聖聰)을 우러러 격절함과 황공함을 더 할 나위 없이 가누지 못하며 삼가 표를 받들어 위로의 말씀을 드립니다.

만력 24년 윤8월 9일 조선국왕 신 이(李) 휘(諱)가 삼가 표를 올립니다.

34. 祭文[126]

48b-49a(252~253쪽)

維萬曆二十四年, 歲次丙申閏八月乙丑朔初九日癸酉, 朝鮮國王臣姓諱, 謹遣陪臣工曹判書李軸, 敢昭告于大行仁聖懿安康靜皇太后靈筵. 伏以, 天畀聖質, 配文之德, 彤管攸書, 必中法式. 六載至治, 始于鷄鳴, 孰曰剛健, 不資柔貞. 長樂居尊, 而勤咻煦, 凡仰母臨, 實均嬰慕. 二十四年, 養以天下, 大孝格神, 宜永壽嘏, 云胡難諶. 太陰奄晦, 哀纏紫宸, 痛遍窮海. 念臣遐陋, 嗣有民社, 猥蒙恩慈, 視同諸夏. 奔不能躬. 誠豈敢後. 遥薦菲儀, 庶冀享右. 謹以牲醴庶品, 用申祭告. 尙饗.

유(維) 만력 24년 세차(歲次) 병신 윤8월 을축삭 9일 계유, 조선국왕 신 이(李) 휘(諱)는 삼가 배신 공조판서 이축을 차견(差遣)하여 대행인성의안강정황태후 영연(靈筵)에 감히 밝혀 고합니다. 삼가 생각하건대, 하늘이 내린 거룩한 품성은 문왕(文王)의 배필이 될 만하였고, 동관(彤管)에서 기록한 내용[127]은 필연코 법도에 들어맞았습니다. 6년 동안의 지치(至治)는 새벽닭이

126) 이 문서는 제문의 일부가 최립(崔岦)의 문집에 실려 있다. 崔岦, 『簡易集』 卷1, 祭文, 大行皇太后竟諡祭文承文院製.

울 때 시작되었으니[128] 누가 강건(剛健)의 덕에 유정(柔貞)의 도움이 없었다고 말하겠습니까.[129] 장락궁(長樂宮)[130]의 높은 자리에 기거하시면서도 온화하게 힘쓰시니 뭇 생명이 어머니로 모시고 실로 모두 젖먹이처럼 사모하였습니다. 스물네 해 동안 천하에서 봉양을 받으셨으니 대효(大孝)가 신령을 감동시켜 마땅히 오랫동안 사셔야 하였는데, 어찌하여 하늘의 뜻이란 헤아리기가 어렵단 말입니까.[131] 태음(太陰)인 달이 갑자기 가려지니 슬픔이 황궁을 감싸며 아픔이 궁벽한 이곳 바닷가까지 두루 미칩니다. 생각하건대, 신은 누추한 땅에서 백성과 사직을 이었으나, 외람되이 은혜와 사랑을 받았고 중국과 같이 여겨 주셨습니다. 몸소 달려가지는 못하지만 정성이 어찌 감히 남보다 뒤지겠습니까. 멀리서 보잘것없는 예물을 올리니 흠향하시기를 바랍니다. 삼가 희생(犧牲)과 예주(醴酒), 여러 가지 제물로 제사를 올려 고합니다. 흠향하소서.

127) 동관은 『시경(詩經)』에서 확인할 수 있다. 『書經集傳』 卷2, 邶, 靜女. 고전 문헌에서 대체로 여사(女史)의 의미로 사용되었다.

128) 현비(賢妃)가 새벽녘에 군주가 조회에 늦지 않도록 "닭이 이미 울었으니 조정에 이미 신하들이 가득합니다"라고 깨웠다는 고사이다. 『詩經集傳』 卷5, 齊, 鷄鳴 "鷄既鳴矣 朝既盈矣".

129) 강건은 건괘(乾卦)의 성질로 원문에서는 황제를 의미하고, 유정은 곤괘(坤卦)의 성질로 황후를 가리킨다.

130) 한나라의 궁궐 이름이다. 대체로 황제의 모후(母后)가 거처했다. 원문에서는 인성황태후를 이른다.

131) 원래는 "믿기 어렵다."라고 번역해야 하지만 원문의 맥락에 맞게 수정했다. 원문의 "믿기 어렵다(難諶)"는 『서경(書經)』에서 확인할 수 있는 어구이다. 『서경』에서는 "아 하늘을 믿기 어려우니 천명이 일정하지 않기 때문이다"라고 했다. 『書經集傳』 卷4, 商書, 咸有一德 '嗚呼 天難諶 命靡常".

35. 請禮部聞奏咨[132)]
49a-49b(253~254쪽)

朝鮮國王,

爲 陳慰 事.

萬曆二十四年八月二十八日, 原差奏聞陪臣具宬, 回自京師, 伏聞, 本年七月十三日, 大行仁聖懿安康靜皇太后崩逝. 當職, 與一國臣民, 不勝驚痛, 修撰到陳慰表文一道, 差陪臣工曹判書李軸, 齎擎前赴京師進呈外, (爲此,)[133)] 合行移咨, 請照驗聞奏施行. 須至咨者.

右咨禮部.

萬曆二十四年閏八月初九日.

발신: 조선국왕

사유: 진위하는 일입니다.

132) 본 문서에는 별도로 두주가 달려 있지 않다. 조선국왕이 예부에 보내는 자문이다.

133) 원문에 '위차(爲此)'가 없으나 누락 내지 생략된 것으로 보인다.

만력 24년(1594년) 8월 28일, 앞서 주문을 올리기 위해 보낸 배신 구성(具宬)이 경사에서 돌아와 삼가 아뢰기를 본년 7월 13일 대행인성의안강정황태후께서 붕서하셨다고 했습니다. 당직(當職)은 온 나라 신민과 더불어 놀라고 아픔을 금치 못하여 진위표문(陳慰表文) 1통을 찬술(撰述)하고 다듬어 배신 공조판서 이축[134]을 차정하여 경사로 지니고 가져가 올리도록 하는 외에, (이에) 마땅히 이자하니 청컨대 검토하여 주문해 주십시오. 자문이 잘 도착하기를 바랍니다.

이 자문을 예부에 보냅니다.

만력 24년 윤8월 9일.

134) 이축(李軸, 1538~1614)이다.

36. 請禮部聞奏咨[135)]

49b(254쪽)

朝鮮國王,

爲 進香 事.

萬曆二十四年八月二十八日, 原差奏聞陪臣具宬, 回自京師, 伏聞本年七月十三日, 大行仁聖懿安康靜皇太后崩逝. 當職與一國臣民, 不勝驚痛, 修撰到祭文一道, 幷備進香禮物, 差陪臣戶曹參判李輅, 賫領前赴京師進香外, 令將禮物開坐. 合行移咨, 請照驗聞奏施行. 須至咨者.

一. 白苧布 一百匹, 白綿紬 二百匹.

右咨禮部.

萬曆二十四年閏八月初九日.

135) 본 문서에는 별도로 두주가 달려 있지 않다. 조선국왕이 예부에 보내는 자문이다.

발신: 조선국왕
사유: 진향하는 일입니다.

만력 24년 8월 28일, 앞서 주문을 올리기 위해 브낸 배신 구성이 경사[136]에서 돌아와, 본년 7월 13일 대행인성의안강정황태후[137]께서 붕서했다는 것을 아뢰었습니다. 당직은 일국의 신민과 함께 놀람과 슬픔을 이길 수 없어, 제문 한 편을 찬술하고 다듬어 진향 예물과 함께 갖추어 배신 호조참판 이로[138]를 보내어 경사로 가지고 가서 진향하는 외에 예물의 목록을 나열해 적습니다. 마땅히 이자하니 청컨대 살펴서 주문해 주시기를 바랍니다. 자문이 잘 도착하기를 바랍니다.

1. 백저포 1백 필. 백금주 2백 필.

이 자문을 예부에 보냅니다.

만력 24년 윤8월 9일.

---

136) 명나라 수도인 북경을 가리킨다.
137) 조선에서 황태후의 붕서 소식을 전해들은 것은 8월 중순 무렵이었다. 『宣祖實錄』 卷78, 宣祖 29年 8月 戊申(13日).
138) 이로(李輅, 1536~1614)이다.

37. 請護送咨[139)]

50a(255쪽)

朝鮮國王,

爲 進慰進香等 事.

萬曆二十四年八月二十八日, 原差奏聞陪臣具宬, 回自京師, 伏聞本年七月十三日, 大行仁聖懿安康靜皇太后崩逝. 當職與一國臣民, 不勝驚痛, 差陪臣工曹判書李軸, 戶曹參判李輅, 齎擎陳慰表文, 幷齎捧祭文一道, 及進香禮物, 前赴京師, 經由貴治馳驛前去. (爲此,)[140)] 合行移咨, 請照驗護送施行. 須至咨者.

右咨遼東都指揮使司.

萬曆二十四年閏八月初九日.

---

139) 본 문서에는 별도로 두주가 달려 있지 않다. 조선국왕이 요동도지휘사사에 보내는 자문이다.

140) 원문에 '위차(爲此)'가 없으나 누락 내지 생략된 것으로 보인다.

발신: 조선국왕
사유: 진위하고 진향하는 일입니다.

만력 24년 8월 28일, 앞서 주문을 올리기 위해 보낸 배신 구성이 경사에서 돌아와, 본년 7월 13일 대행인성의안강정황태후께서 붕서했다는 것을 알렸습니다. 당직은 일국의 신민과 함께 놀람과 슬픔을 이길 수 없어, 배신 공조참판 이축과 호조참판 이로에게 진위표문과 아울러 제문 한 편 및 진향 예물을 받들고 가지고 경사(京師)로 나아가게 하였는데 귀사에서 관할하는 역을 경유하게 되었습니다. (이에) 마땅히 이자하니, 청컨대 살펴서 호송해 주시기 바랍니다. 자문이 잘 도착하기를 바랍니다.

이 자문을 요동도지휘사사에 보냅니다.

만력 24년 윤8월 9일.

38. 都司約定倭使貢路
50a-55a(255~265쪽)

遼東都指揮使司,

爲 懇乞聖明, 洞察倭情, 審始善圖, 以絕後患 事.

本月十三日, 准欽差分守遼海東寧道兼理邊備屯田山東布政使司右參議楊咨.

蒙欽差巡撫遼東地方賛理軍務兼管備倭兵部右侍郎兼都察院右僉都御史李案驗.

准兵部咨.

該本部題, 職方淸吏司案呈.

奉本部送.

兵科抄出.

朝鮮國王奏前事, 內稱.

萬曆二十三年三月初一日, 臣准遼東都指揮使司咨.

蒙欽差巡撫遼東地方賛理軍務兼管備倭都察院右僉都御史李案驗.

本年正月二十三日, 准兵部咨.

該本部題, 移文遼鎭督撫衙門, 其日本謝恩人·船·器具, 除使臣外, 人不得過三百, 船不得過三隻, 先到對馬島, 候旨定數進京. 若有投降倭衆, 從便安插, 務期沿海一淸, 永絶後患. 等因. 奉聖旨.

俱依議行.

欽此. 欽遵. 備咨前來.

案仰本司官吏, 卽便欽遵, 移咨朝鮮國王, 查照施行.

蒙此. 移咨前來.

准此. 查照, 先該本年二月二十三日, 臣據奏請陪臣尹根壽等狀啓.

本年正月二十五日, 進到兵部, 稟蒙石尙書分付, 倭子只得這遭謝恩, 日後再不來往, 且不許任便前進. 着令來到對馬島, 伺候其使臣跟從人數, 稟報本部, 俟部題奏定奪, 方許進來. 等因.

據此. 行間, 今該前因, 臣伏念, 天朝哀愍小邦, 終始拯濟, 旣以大兵剿却兇鋒, 今又以倭將回巢, 而預講善後之策, 處置纖悉, 無不周徧, 務欲全安小邦, 聖恩深厚, 隆天極地, 臣誠感激, 不知所言. 第以日本謝恩人船, 到對馬島, 候旨定數進京, 則是倭使將取道小邦, 以達上國, 後日禍本, 將在於此. 恐非虞伊情之變詐, 愼始善終之意也. 臣備諳倭情, 其狡詐反覆, 因事起釁, 乃其常態, 始之來侵臣國也，本以借路小邦，以達上國爲言，臣忿其辭說悖逆意在犯順，據義斥絕，因此受兵禍至於此．今若許令倭使經由小邦，則倭益生心，一番謝恩之外，托稱貢獻，繼來不絕，其船隻·人數不定多少，非小邦所得以鈴束．許之則禍不可測，不許則彼以抑絕貢道爲辭．欺小邦殘破之極，取遼薊便近之路，凌侮萬端，貫穿腹裏，窺覘虛實，更造兵端，則必爲後日無窮之禍，而聖朝東顧之憂，殆未艾也．至於投降倭衆，從便安插一節，臣爲照，對陣納降，以孤敵勢，是或一道．故臣前後降倭，派送各處，從便安插，或轉解總督軍門．此則臣之淺計如此．而倭於旣退之後，更生狡謨，抽衆詐降，願留小邦，小邦從而受之，則其安插衣食之費，已不可言，而適足以正中其計，雖云倭已撤回，其實猶在，百釁從起，難可隄防．其情不可以不察，莫如乘此皇靈遠振之時，徧行勒還，勿許一倭，留住釜山．只招撫小邦被脅人民，分送原籍地面，以爲耕守之計，方爲長策．臣聽得，督臣顧以爲若貢道出釜山，則釜山之倭日益增，朝鮮之弱，倭必復爲蠶食之計，非天朝援屬國之初意．故貢道宜出寧波，而不宜出朝鮮．其爲小邦計策，至審且勤．伏乞聖明洞察倭情，著令該部轉諭本倭，查依寧波舊路，進入謝恩，其願留倭衆，亦應一切勒還，勿令貽患地方，不勝幸甚．等因．

奉聖旨．

該部知道．

欽此. 欽遵. 抄出送司, 案呈到部.

爲照, 東倭封事, 頃日據宣諭, 遊擊沈惟敬, 幷正使李宗城揭報謂, 行長已回釜山, 關白恪遵三事約束, 計日焚柵捲衆歸巢, 業已具本題知訖. 今朝鮮國王謂, 謝恩倭使, 仍由其國, 恐後假貢欺淩, 一引先任督臣顧, 貢道宜出寧波之議. 夫養謙之議, 貢道於寧波者, 彼時盖謂封貢幷許也. 玆奉明旨, 許封止貢, 而關白已恪守約法, 別無妄求, 則貢道寧波不必言矣. 且請封由於彼國具奏, 予封出自皇上特恩, 卽使少有勞費, 亦不宜惜. 若急則請封以自紓, 緩則閉道以自便. 豈直失屬國敦睦之誼, 亦且孤天朝救援之恩. 況封後謝恩止許一次, 先該督臣孫善後之疏, 限其人·船, 本部覆議, 随册使同至對馬島, 候旨定數進京, 已奉明旨, 寧容他議. 至其降倭一節, 原在未封之先, 今旣予封, 一倭不留, 安有投降之事. 卽有先經投降者, 願歸則聽之, 不歸則随便安插, 或送遼東撫鎭衙門收用, 旣經具奏前來. 相應覆請, 合候命下, 移文使臣李宗城等, 及遊擊沈惟敬, 封完之日, 明白曉諭關白, 將謝恩人數·船隻, 酌量遣發, 不得過多, 卽随册使前來, 至對馬島暫住, 候旨定數進京. 幷令嚴禁來人, 經過朝鮮, 不許秋毫騷擾, 朝鮮亦不許挾使啓釁. 謝使旣回, 永閉此路, 不得再有往還. 果有已收降倭, 該國随宜安插, 惑咨送遼東督撫, 轉發各兵用兵處所充用, 庶中國之信義不失, 外藩之疑畏少安. 仍備咨遼東督撫, 轉行朝鮮國王, 一體遵照施行. 等因.

萬曆二十三年七月二十五日, 太子太保本部尙書石等 具題. 二十八日, 奉聖旨.

這所奏, 都依擬行. 册封日本, 原爲保全朝鮮, 何必自生疑畏. 便行文與國王知道.

欽此. 欽遵. 擬合就行. 爲此, 合咨前去, 煩照本部題奉欽依事理, 欽遵查照施行. 等因.

准此. 擬合就行. 爲此, 案行本道, 照依咨·案, 及該部題奉欽依事理, 即便轉行遼東都司, 移咨朝鮮國王, 欽遵查照施行.

蒙此. 擬合就行. 爲此, 合咨前去, 煩照該部題奉欽依事理, 備咨朝鮮國王, 欽遵查照施行. 希將行過緣由, 回復査考. 請勿延緩. 等因.

准此. 擬合就行. 爲此, 合咨前去, 煩爲查照施行. 須至咨者.

右咨朝鮮國王.

萬曆二十三年 八月十五日.

발신: 요동도지휘사사

사유: 성명께 일본의 사정을 통찰하시고 처음의 좋은 계획을 살펴 후환을 끊기를 간절히 바라는 일입니다.

[요동도지휘사사] 본월 13일, 흠차분수요해동녕도겸리변비둔전산동포정사사우참의 양(호)의 자문을 받았습니다.

[양호] 흠차순무요동지방찬리군무겸관비왜병부우시랑겸도찰원우첨도어사이(화룡)의 안험을 받았습니다.

[이화룡] 병부의 자문을 받았습니다.

[병부] 본부에서 제본을 올렸는데, 직방청리사의 안정에 관한 것입니다.

[직방청리사] 본부에서 (검토하라고) 보낸 문서를 받았습니다.

[병부] 병과에서 초출하였습니다.

[병과] 전사[141]에 관한 조선국왕의 주문으로 다음의 내용입니다.

[조선국왕] 만력 23년(1595년) 3월 초하루, 요동도지휘사사의 자문을 받았습니다.[142]

[요동도지휘사사] 흠차순무요동지방찬리군무겸관비왜도찰원우첨도어사 이(화룡)의 안험을 받았습니다.

[이화룡] 본년 정월 23일 병부의 자문을 받았습니다.

[병부] 본부에서 「요진의 총독과 순두 아문에 이문하여 일본 사은사의 사람·선척·기구와 관련해서는 사신 외에, 사람은 300명을 넘지 않고 배는 3척을 넘지 않아야 하며 먼저 대마도에 도착하면 성지를 기다려 인원수를 정하고 경사로 나가야 합니다. 투항하려는 일본인들이 있으면 편의에 따라 안삽(安插)하되 연해가 평화로워지기를 기약하는 데 힘써 영원히 후환을 끊도록 하십시오」라는 제본을 올렸습니다. 성지를 받들었습니다.

[만력제] 모두 논의에 의거하여 시행하라.

[병부] 이와 같이 공경히 받들어 삼가 준행해야 하겠습니다. 자문을 갖추어 보냅니다.

[이화룡] 이에 본사 관리에게 안정을 내리니 즉시 성지를 받들어 준행하라는 내용으로 조선국왕에게 이자하여

---

141) 본 문서의 사안인 '爲懇乞聖明洞察倭情審始善圖以絶後患事'를 가리킨다.

142) 아래 조선국왕의 주문 내용은 『五峯集』 권12, 奏文 「賊情奏文 乙未三月」에 보인다.

살피도록 하십시오.

[요동도지휘사사] 이를 받들어 이자하여 보냅니다.

[조선국왕] 이를 받고 살펴보니 앞서 본년 2월 23일, 신이 주청배신 윤근수 등의 장계를 받았습니다.

[윤근수] 본년 정월 25일, 병부에 도착하여 석상서에 아뢰어 "일본인(倭子)은 단지 사은하고 나면 앞으로 다시 올 수 없으며 또한 편의에 따라 전진하는 것을 허락하지 않을 것입니다. 대마도에 도착하면 그 사신을 수종하며 따라 올 인원수를 본부(병부)에 상신하고 본부에서 제본으로 주문을 올려 (황제께서 인원수를) 결정하기를 기다리고 나서야 (경사로) 오게 하는 것을 허락할 것입니다"라는 분부를 받들었습니다.

[조선국왕] 이를 받고 시행하던 중에, 이번에 위의 자문을 받고 신이 삼가 생각하니, 천조가 소방을 불쌍히 여기시어 끝까지 구제해 주셔서 이미 명군으로 흉봉을 쳐부수었고, 지금 또한 일본 장수로 하여금 소굴로 돌아가게 하고 미리 적절한 사후 조치[善後策]를 강구해 주시니 섬세하고 세세하게 처치하심이 두루 미치지 않은 곳이 없으며 소방을 완전히 안정시키는 데 힘쓰시니 성은이 깊고 두텁게 하늘과 땅에 미쳐, 신은 진실로 감격하여 말씀드릴 바를 모르겠습니다. 다만 일본의 사은 인원을 실은 선박이 대마도에 도착하면 성지를 기다려 인원수를 정하고 경사로 향하라고 하셨으니, 이는 일본의 사신이 소방의 길을 통해 상국에 도달한다는 것으로 후일 화근이 장차 여기에 있게 될 것입니다. 아마도 오랑캐 정형의

변사함을 우려하여 처음을 신중히 해서 끝을 좋게 맺는 뜻이 아닌 것 같아 두렵습니다.

신이 일본의 사정을 갖추어 알고 있는데 그들이 교사를 반복하며 일을 말미암아 흔단을 일으키는 것이 그 본성이기에 당초 신의 나라를 침략해 왔을 때 븐래는 소방의 길을 빌려 상국에 도달하고자 한다며 말을 만들었으나 신은 그 사설의 패역함과 의도가 반란을 일으키는 데 있는 것에 대해 분노했기에 의리를 들어 잘라 거부했고 그로 인해 병화를 입어 여기에 이르게 된 것입니다. 지금 만약 일본의 사신이 소방을 경유하는 것을 허락한다면, 즉 일본은 더욱 마음을 부풀려 한번 사은한 것 외에 공헌(貢獻)을 칭탁하며 끊이지 않고 이어서 오게 될 것이며, 그 선척과 인원수는 많고 적음을 정하지 않을 것이니, 소방이 단속할 수 있는 것이 아닙니다. 허락한다면 화를 예측할 수 없고 허락하지 않으면 저들이 조공 길을 끊는다며 말을 만들 것입니다. 소방이 극히 잔파되었다는 것으로 속여 요동·계주의 편하고 가까운 길을 택하도록 한다면 온갖 능모한 행위를 하면서 내지를 헤집고 허실을 엿보아 다시 전쟁의 단초를 만들 것이니, 필시 후일의 무궁한 화가 되어 성조가 동쪽을 돌아보며 걱정하는 마음이 아마 사라지지 않을 것입니다.

투항 일본인들을 편의에 따라 안삽한다는 한 대목에 이르러서는 신이 살펴보건대, 진영이 대치하고 있을 때 항복하는 이를 받아들이는 것은 적세를 고립시키는 것이라, 이는 하나의 방법이 될 수 있었습니다. 그러므로 신은 앞뒤로 받아들인 투항 일본인들을 각처로 파송하여 편의에 따라 안삽하게 하였고 혹은 총독군문으로 대신 보냈습니다. 이는 즉 신의 얕은 계책이 이러했던 것입니다. 그러나 일본군이 이미 퇴각한 후에 다시 교활한 계책을 만들어 무리 중에 거짓 투항자를 심어 소방에 머물고 싶다고 하여 소방이 그에 따라 받아들인다면, 즉 그 안삽을 위한 의식(衣食)의 비용은 이미 말할 것도 없고 그들의 계책에 딱 맞아떨어진 것이니, 비록 일본이 이미 철회했다고 말해도 그 실상은 오히려 남아 있기에 백 가지 흔단이 따라서 일어날 것이고 막아 내기 어려울 것입니다.

그러한 정세는 살피지 않을 수 없는 것이니 황령(皇靈)께서 멀리 진동하는 이때를 타고 모두 물러가게 하는 것 만한 것이 없으니 한 명의 일본인도 부산에 남아 있는 것을 허락하지 마소서. 단지 위협을 받아 잡혀 있던 소방의 인민을 초무하여 원적지에 나누어 보내어 경작하고 지키게 하는 계책은 바야흐로 장책(長策)입니다. 신이 듣기로 독신 고(양겸)가 "만약 조공길을 부산에서 출발하게 한다면, 즉 부산의 일본인들은 날로 늘어날 것이고 조선은 약해져 일본이 필시 다시 잠식할 계획을 세울 것이니 천조가 속국을 구원한 처음의 뜻이 아닙니다. 그러므로 조공길은 마땅히 영파에서 나와야 하고 조선에서 나와서는 안 됩니다"라고 하였습니다. 그가 소방을 위해 계책을 세움이 지극히 자세하고 또한 근후합니다. 바라건대 성명께서는 일본의 정형을 통찰하시고 해부로 하여금 일본에 전유하도록 하셔서 영파의 옛길에 의거해 살펴 사은을 나오게 하며 (조선에) 남고자 하는 일본인들은 또한 모름지기 모두 돌아가게 하여 지방[조선]에 후환을 남기지 않게 해 주신다면 큰 다행이겠습니다.

[병부] 성지를 받들었습니다.

[만력제] 해당 부서에 알리도록 하라.

[병부] 이와 같이 공경히 받들어 삼가 준행해야 하겠습니다. 초출(抄出)한 문서를 사(司)로 보냈고, 안정이 본부에 이르렀습니다.

[직방청리사] 살펴보건대, 동쪽의 일본을 책봉하는 일은 근일의 선유에 의거하면, 유격 심유경이 정사 이종성과 아울러 「유키나가는 이미 부산에 돌아왔고 관백(關白)은 세 가지 약속을 삼가 지키기로 했으며 날을 헤아려 성책을 불사르고 무리를 모아 소굴로 돌아간다고 합니다」라는 게보(揭報)로 보고해 (본부에서) 이미 제본을 갖추어 (황제께) 알렸습니다. 지금 조선국왕이 이르기를 사은하는 일본사신이 사은으로 인하여 그 나라를 경유하는 것이 후일 거짓으로 조공을 칭하며 속이고 능멸하게 될까 두다며, 선임 독신 고(양겸)의 "조공길은 마땅히 영파에서 나와야 한다"는 의논을 한번 끌어왔습니다. 무릇 (고)양겸의 조공길을 영파로 하자는 의논은 그때 대개 책봉과 조공을 함께 허락하자는 말이 있었기 때문입니다. 이제 밝은 성지를 받들어 책봉은 허락하고 조공은 금지하기로 하였고 관백이 이미 약법(約法)을 삼가 준수하고 따로 망령된 요구를 하지 않기로 하였으니, 즉 조공길을 영파로 하는 것은 불필요한 말입니다. 또한 책봉을 청한 것은 저 나라[143]가 주본을 갖추어 올린 것에서 연유하고 책봉을 내린 것은 황상의 특별한 은혜에서 비롯된 것인

143) 조선을 이른다.

즉,[144] (조선에서) 노고와 비용이 조금 사용되더라도 마땅히 아까워할 수 없는 것입니다. 만약 급하다면 책봉을 청한 뒤에 스스로 여유를 가지고 여유가 생기면 길을 막고 스스로 편리를 취하면 되는 것입니다. 어찌 바로 속국의 돈목한 의의를 잃고서 또한 천조가 구원한 은혜를 외롭게 하는 것이겠습니까. 하물며 책봉 후에 사은사를 한 번만 허락하고 그치자는 사안에 대해서는 앞서 독신 손(광)이 올린 인원과 선척을 한정하는 사후 조치의 상소와 관련해 본부가 (사은사가) 책봉사를 따라 함께 대마도에 이르면 성지를 기다려 수를 정하고 경사로 오도록 하자고 다시 주청하여 이미 밝은 성지를 받은 것이니 어찌 다른 의논이 있겠습니까.

그 투항 일본인에 대한 대목에 이르러서는, 원래 책봉이 이루어지기 전의 일로, 이제 이미 책봉이 내려져서 하나의 일본인도 머물러 있지 않은데, 어찌 투항이 있을 수 있겠습니까. 즉 앞서 투항한 인원 중에서 돌아가고자 하면 들어주고 돌아가고자 하지 않으면 편의에 따라 안삽하거나 혹은 요동의 무진 아문에 보내 수용하도록 한 것은 이미 (조선에서) 주본을 갖추어 보냈습니다. 마땅히 다시 주청하여 명이 내려지기를 기다려 사신 이종성 등 및 유격 심유경에게 「책봉이 완료되는 날 관백에게 명백히 효유하여 사은사의 인원과 선척은 수를 헤아려 보내되 과다하게 하지 말 것이며, 바로 책봉사를 따라와서 대마도에 이르러 잠시 머물다가 성지를 기다려 수를

144) 조선은 고양겸의 요구에 의해 일본의 책봉에 관한 주문을 작성하여 명 조정에 보냈지만 책봉 결정을 황제의 판단에 맡겼다. 즉 직접적으로 책봉을 요청한 것은 아니었다. 그러나 신종은 이를 "조선국왕이 일본의 책봉을 청하여 사직을 보전하려 한다."고 해석한 후 책봉 논의를 명했다. 『宣祖實錄』 卷56 선조 27年 10月 甲寅(10日); 『神宗實錄』 卷277 萬曆 22年 9月 己丑(14日). 이를 근거로 명 조정에서 책봉을 결정했다.

정하고 경사로 오도록 한다. 아울러 오는 이들에게 엄금하게 하여 조선을 지날 때는 추호의 소요도 불허하며 조선 또한 사신을 위협하여 흔단을 여는 일을 금하도록 한다. 사은사가 돌아간 뒤에는 영원히 이 길을 닫으며 다시 오갈 수 없도록 한다. 이미 받아들인 투항 일본인이 과연 존재한다면, 해국에서 적당한 대로 안삽하거나 혹은 자문을 통해 요동의 총독과 순무에게 이송하여 각 진영의 용병할 처소에서 전발(轉發)[145]해 충용하도록 한다」라는 내용으로 이문하면, 아마 중국의 신의를 잃지 않고 외번의 의심과 두려움을 조금 안심시킬 수 있을 것입니다. 덧붙여 갖춘 자문을 요동의 총독과 순무에게 보내고 조선국왕에게도 전행하여 일체 (성지를) 살펴 준행하도록 하십시오.

[병부] 만력 23년 7월 25일, 태자태보본부상서 석(성) 등이 제본을 갖추어 올렸습니다. 28일에 성지를 받들었습니다.

[만력제] 저 주문한 바에 따라 모두 헤아려 시행하라. 일본을 책봉하는 일은 원래 조선을 보전하기 위한 것인데 어찌 의심과 두려움이 생겨나는가. 곧바로 국왕에게 문서를 보내어 알리도록 하라.

[병부] 이와 같이 공경히 받들어 삼가 준행해야 하겠습니다. 헤아려 보건대 마땅히 곧바로 시행해야 합니다. 이에 마땅히 자문을 보내니 번거롭더라도 본부가 제본을 올려 받든 성지의 사리를 따라 삼가 준수해 살피시기를 바랍니다.

[이화룡] 이를 받고 헤아려 보건대 마땅히 곧바로 시행해야 합니다. 이에 본도에 안정을 내리니 자문과 안정의 내용 및 해부(병부)가 제본을 올려 받든 성지의 사리를 따라 즉시 요동도사에게 전행하여 조선국왕에

145) 문맥상 항왜, 즉 투항 일본인을 명군이 요동의 군영에서 대체 인력으로 동원하는 것을 의미한다.

게 이자하고 삼가 살펴 준수하도록 하시기를 바랍니다.

[양호] 이를 받들어 헤아려 보건대 마땅히 곧바로 시행해야 합니다. 이에 마땅히 자문을 보내니 번거롭더라도 해부가 제본을 올려 받든 성지의 사리를 따라 자문을 갖추어 조선국왕에게 보내고 삼가 살펴 준수하도록 하시기를 바랍니다. 바라건대 시행한 연유를 회답하여 조사하고 참고하도록 해 주십시오. 늦추지 말기를 바랍니다.

[요동도지휘사사] 이를 받고 헤아려 보건대 마땅히 곧바로 시행해야 합니다. 이에 마땅히 자문을 보내니 번거롭더라도 살피기를 바랍니다. 자문이 잘 도착하기를 바랍니다.

이 자문을 조선국왕에게 보냅니다.

만력 23년 8월 15일.

39. 布政查備粮草
55a-56a(265~267쪽)

欽差分守遼海東寧道兼理邊備屯田山東布政使司右參議楊,
爲 奉旨東巡, 敬陳禦倭機宜 事.

本月二十五日, 蒙欽差總督薊遼保定等處軍務兼理糧餉經略禦倭都察院右都御史兼兵部右侍郎孫憲牌.

先准兵部咨.

節奉明旨, 不論封事成否, 戰守二端在我, 原不可廢. 欽此. 除將一應防禦事宜, 及應用兵馬·船隻·糧料·草束等項, 已經具題訖. 所據應調馬兵二萬, 每日用草二萬束, 計九箇月 共該備草五百四十萬束. 在遼東轉運爲難, 在朝鮮止費人力, 易於備辦, 合行趁時採取備用.

爲此, 牌行本道, 卽便轉行朝鮮國王, 着落沿途該館陪臣, 將前項馬草, 除稻草不堪馬食不用外, 趁此秋成之際, 將山野各草, 多方採打. 不許將不堪食草, 插和在內, 亦不得浥濕無用, 以致臨時悞事.

仍將採過各館草束數目, 及看守陪臣職名, 造册回咨過道, 以憑轉報施行. 請勿延緩. 須至咨者.

右咨朝鮮國王.

萬曆二十四年八月二十六日.

발신: 흠차분수요해동녕도겸리변비둔전산동포정사사우참의 양(호)

사유: 성지를 받들어 동쪽을 돌아보고 일본군을 막을 기의(機宜)[146]를 공경히 진달하는 일입니다.

[양호] 본월 25일, 흠차총독계요보정등처군무겸리양향경략어왜도찰원우도어사겸병부우시랑 손(광)의 헌패를 받았습니다.

[손광] 앞서 병부의 자문을 받았습니다.

[병부] 「책봉 일의 성공 여부를 막론하고 전수 두 가지는 우리에게 있으니 본디 폐할 수 없다」는 내용의 성지를 여러 차례 받들었습니다. 삼가 이를 받들어 일체의 방어에 대한 사안 및 사용할 병마·선척·양료·초속의 항목은 이미 제본을 갖추어 올렸습니다. 앞에서 언급한 조발해야 할 마병 2만에 매일 필요한 풀이 2만 속이니 9개월로 계산하면 갖추어야 하는 풀은 총 540만 속입니다. 요동에 있는 것은 전운하기 어려우나 조선에 있는 것은 인력에 대한 비용으로 그칠 것이므로 갖추어 마련하기 쉽습니다. 마땅히 시간을 다투어 채취하여 갖추도록 해야 할 것입니다.

[손광] 이에 헌패를 본도에 보내니 즉시 (패문의 내용으로) 조선국왕에게도 전행(轉行)하여 연도에 있는 관소의 배신으로 하여금 전항의 말먹이

146) 기의는 시의에 맞는 방침 내지는 도리를 뜻한다.

풀과 관련하여 말이 먹을 수 없어 못 쓰는 볏짚을 제외하고 가을이 익어 가는 이때에 맞추어 산야의 각종 풀을 다방면으로 채취하게 하십시오. 먹지 못할 풀이 섞여 들어가지 않도록 하고 또한 젖어서 쓸 수 없게 되어 때가 되었을 때 일을 그르치지 않도록 하십시오.

[양호] 덧붙여 각 관소에서 채취한 초속의 수목 및 간수하는 배신의 직명을 책자로 만들어 회자로 본도에 넘겨 이를 근거로 전보(轉報)하게 해 주십시오. 바라건대, 지연되지 않도록 해 주십시오. 자문이 잘 도착하기를 바랍니다.

이 자문을 조선국왕에게 보냅니다.

만력 24년 8월 26일.

40. 回咨

56a-60a(267~275쪽)

朝鮮國王,

爲 奉旨東巡, 敬陳禦倭機宜 事.

本年閏八月初十日, 准欽差分守遼海東寧道兼理邊備屯田山東布政使司右參議楊咨前事, 云云. 又該本日, 准遼東都指揮使司咨.

蒙欽差總督薊遼保定等處軍務兼理糧餉經略禦倭都察院右都御史兼兵部右侍郎孫憲牌.

近該本院部題, 議釜倭尙未盡退, 恐有變動, 臨機難以應猝. 查前兵部原題, 各鎭援兵. 又議添遼東, 共合三萬三千之數, 俱用馬兵, 各選委參·遊官, 統領訓鍊, 遇有倭警, 聽候調遣. 等因. 除具題外, 爲照, 前項兵馬, 調援朝鮮, 其每日喫用糧草, 應於彼國備辦, 相應預行查處, 免致臨機有悞. 擬合就行. 爲此, 牌仰該司官吏, 照牌事理, 卽便備云, 移咨朝鮮國王, 速行該國陪臣, 預備糧草, 務足三萬三千兵馬半年支用. 卽今要見某官[147]見貯糧若干草若干, 可供前項兵馬,

147) 실록에는 '某館'으로 표기되어 있으며, 아래에 이어지는 손광의 헌패에도 '某館'으로 기재되어 있다. 『宣祖實錄』 卷74, 宣祖 29年 4月 壬子(16日).

幾箇月支用, 如或不足, 作何設處. 仍候秋夏之間, 多方採取秋青草束, 以備冬間馬匹食用, 不致臨機有悞. 該司差人守取該國各館, 見備糧草, 各數目册報備照, 俱毋違錯未便. 等因.

准此. 卽令滄西滄南沿海地方陪臣, 多方採取秋青草束, 以候冬間馬匹食用, 仍具由回咨去訖. 又該五日內, 准本司咨.

蒙欽差總督薊遼保定等處軍務兼理糧餉經略禦倭都察院右都御史兼兵部右侍郎孫憲牌.

案照, 先該本院部牌行遼東都司, 移咨朝鮮國王, 速行該國陪臣, 預備糧草, 務足 三萬三千兵馬半年支用. 卽今要見某館見貯糧草若干, 可供前項兵馬, 幾箇月支用, 如或不足, 作何設處. 該司差人守催該國各館, 見備糧草, 各數目册報備照. 去後, 今照, 倭情已變, 本院部已題奉欽依, 調遣各鎭兵馬三萬, 不日發行. 所據各兵馬每日喫用糧草, 須資該國備辦, 相應委官查理預備, 庶免臨期有悞. 爲此, 除差同知王猿吉, 原任遊擊葉鱈, 親詣前去外, 牌仰該司官吏, 卽便移咨朝鮮國王, 嚴行各該陪臣, 自義州起至釜山止, 凡前項三萬兵馬經過城館去處, 俱預備五日糧草. 其平壤·王京等處, 有應該兵馬駐箚地方, 預備三萬兵馬一月糧草, 其全羅·慶尙等處, 戍守交戰地方, 預備三萬兵馬半年糧草. 及時多方設法, 陸續搬運, 務使處處有備, 斯爲完策, 不得臨時有悞. 等因.

又該本日內, 准欽差分守遼海東寧道兼理邊備屯田山東布政使司右參議楊咨.

蒙欽差巡撫遼東地方贊理軍務兼管備倭兵部右侍郎兼都察院右僉都御史李憲牌.

爲照, 倭情已變, 正使已回, 戰守旣當急備, 兵糧尤宜急處. 然兵馬非難, 而錢糧爲難, 折色非難, 而本色爲難, 合行亟査. 爲此, 牌行本道, 卽便咨會朝鮮國王, 查議該國要見某處積貯米糧·料草若干, 聽候天兵支用. 若果不敷, 作何處辦轉運, 務俾不悞軍食, 作束查議明確, 星馳呈報, 本部院以憑緊等會議施行. 該國自二十一年, 天兵恢復, 倭退釜山, 至今四年, 人民必然復業, 糧草必有積蓄, 是不可以凋殘而諉也.

蒙此. 擬合行會. 爲此, 合咨前去. 等因.

准此. 隨該本等日內, 節准軍門委官, 兗州府同知王, 遊擊將軍葉咨帖, 亦俱言糧草句當. 除糧餉已經備査, 各處見貯數目, 撰造文册, 兼陳小邦殘破, 公私殫竭緣由, 以憑轉報. 馬草爲緣夏秋之交, 霖雨連綿, 雖儘力採辦, 必至浥爛, 不堪馬食, 再令沿路地方陪臣, 待候秋晴, 多方採積, 俾無臨時有悞. 去後, 今該前因, 爲照, 小邦稻草, 旣已不堪馬食. 卽目秋日晴乾, 山野各草委宜及時採取. 遵依咨內事理, 著令兵曹, 轉行前項迤西·迤南沿路地方陪臣, 調撥人夫, 多方採打. 俱要十分曬乾, 每束一十五斤, 堆垛各館草場. 如義州·平壤·開城·京城·公州·全州·南原等處, 應該駐劄地方, 則另行多數採辦, 以備調遣兵馬支用. 責令該管陪臣, 好生看守, 不許將馬匹不堪食, 草採打插和在內, 亦不得浥濕無用, 以致臨期悞事. 仍將採辦過各處草束數目, 及該看守陪臣職名, 造册來啓, 以憑急速轉報外, 所據轉行採辦等緣由, 擬合先行回報. 爲此, 合行回咨, 請照驗轉報施行. 須至咨者.

右咨欽差分守遼海東寧道兼理邊備屯田山東布政使司右參議楊.

萬曆二十四年閏八月十七日.

발신: 조선국왕

사유: 성지를 받들어 동쪽을 돌아보고 일본군을 막을 기의를 공경히 진달하는 일입니다.

[조선국왕] 본년 윤8월 10일, 흠차분수요해동녕도겸리변비둔전산동포정사사우참의 양(호)로부터 전사[148]와 관련한 자문을 받았는데 「운운」하였습니다. 또 같은 날 요동도지휘사사의 자문을 받았습니다.

[요동도지휘사사] 흠차총독계요보정등처군무겸리양향경략어왜도찰원우도어사겸병부우시랑 손(광)의 헌패를 받들었습니다.[149]

[손광] 최근 본원부에서 「부산의 일본군이 아직 모두 퇴각하지 않고 있어 변동이 있을 때 기의에 임하여 응수하기 어려울까 우려됩니다. 이전에 병부가 올린 각 진의 원병에 관한 원래의 제본을 살펴볼 것을 논의했습니다. 또한 요동에서 총 3만 3천의 수를 모두 마병으로 해서 각각 참장·유격을 선발하여 훈련을 통령케 하고 일본군의 경보가 발생하면 지시를 기다려 파견할 것을 논의했습니다」라는 내용의 제본을 올렸습니다. 제본을 갖추어 올린 것 외에 살펴보니, 전항의 병마를 조발하여 조선을 원조할 때, 그 매일 사용하는 군량과 풀은 마땅히 저 나라에서 갖추어 마련해야 하니, 응당 미리 조처하여 기의에 임해 일을 그르치지 않

148) 본 문서의 사안인 '爲奉旨東巡敬陳禦倭機宜事'를 가리킨다.

149) 해당 자문의 내용은 『선조실록』에서도 일부를 확인할 수 있다. 『宣祖實錄』 卷74, 宣祖 29年 4月 壬子(16日).

도록 해야 할 것입니다. 헤아려 보건대 마땅히 곧바로 시행해야 합니다. 이에 헌패를 해사 관리에게 보내니, 헌패의 사리를 살펴 즉시 헌패의 내용을 갖추어 조선국왕에게 이자하여 속히 해국 배신에게 문서를 보내어 3만 3천 병마가 반년 동안 사용하기에 충분한 양초를 미리 갖추는 데 힘쓰도록 하십시오. 지금 어느 관이 어느 정도의 군량과 풀을 저축하고 있으며 (이는) 전항의 병마에게 몇 개월 동안 지원할 수 있고, 만약 부족하면 어떻게 대처할지 알고자 합니다. 덧붙여 여름과 가을 사이를 기다려 다방면으로 가을 풀을 채취하여 겨울 동안 마필의 식용으로 갖춤으로서 기의에 임하여 일을 그르치지 않도록 하십시오. 해사는 사람을 보내 해국의 각관에서 현재 비축하고 있는 군량과 풀에 대한 각 목록의 책보(冊報)를 가져다가 구비해서 살피되 모두 착오로 인하여 미편한 일이 없도록 하십시오.

[조선국왕] 이를 받고 즉시 이서·이남 연해 지방의 배신으로 하여금 다방으로 가을 풀을 채취하여 겨울 동안 마필에게 먹일 용도로 준비하였고 덧붙여 사유를 갖추어 회자를 보냈습니다. 또 5일 내에 본사의 자문을 받았습니다.

[요동도지휘사사] 흠차총독계요보정등처군무겸리양향경략어왜도찰원우도어사겸병부우시랑 손(광)의 헌패를 받들었습니다.

[손광] 이전에 처리한 문서를 살펴보니 앞서 본원부에서 요동도사에게 「조선국왕에게 이자하여 속히 해국 배신에게 문서를 보내어 3만 3천 병마가 반년 동안 사용하기에 충분한 양초를 미리 갖추는 데 힘쓰도록 하십시오. 지금 어느 관이 어느 정도의 군량과 풀을 저축하고 있으며 (이는) 전항의 병마에게 몇 개월 동안 지원할 수 있고 만약 부족하면 어떻게 대처할지 알고자 합니다. 해사는 사람을 보내 해국의 각관을 계속 재촉하여 현재 비축하고 있는 군량과 풀에 대한 각 목록의 책보를 가져다

가 구비해 살피십시오」라는 내용의 헌패를 보냈습니다. 그 후 이제 살펴보니 일본의 사정에 이미 변화가 생겨 본원부에서는 이미 제본을 올려 받은 성지에 따라, 각 진의 병마 3만을 조발하여 곧 파견할 것입니다. 앞서 언급한 각 병마가 매일 사용할 군량과 풀은 모름지기 해국이 마련해야 하니, 마땅히 위관이 조사하고 처리하여 미리 갖춘다면, 아마 기일에 임하여 일을 그르침을 면할 것입니다. 이에, 동지 왕이길과 원임유격 섭상을 보내는 것 외에 헌패를 해사 관리에게 보내니, 즉시 (헌패의 내용으로) 조선국왕에게 이자해서 각 담당 배신들에게 엄히 명하여 의주에서 부산까지 무릇 전항의 3만 병마가 지나는 성과 관소에 모두 5일분의 군량과 풀을 미리 갖추도록 하십시오. 평양과 왕경 등 해당 병마가 주둔할 지역은 3만 병마가 1개월 먹을 군량과 풀을 미리 갖추며 수비하고 교전하는 전라도와 경상도 지방의 경우, 3만 병마가 반년 동안 먹을 군량과 풀을 미리 갖추십시오. 시간에 미쳐 여러 방면으로 법도를 세워 끊임없이 운반해 (양초를) 곳곳에 갖추어 두어 계책을 완전하게 하는데 힘쓰고 시일에 임하여 일을 그르치지 않도록 하십시오.

[조선국왕] 또 그날 중에 흠차분수요해동녕도겸리변비둔전산동포정사사우참의 양(호)의 자문을 받았습니다.

[양호] 흠차순무요동지방찬리군무겸관비왜병부우시랑겸도찰원우첨도어사 이(화룡)의 헌패를 받들었습니다.

[이화룡] 살펴보건대, 일본의 사정에 이미 변동이 생겨 정사가 이미 돌아왔으니,[150] 전수를 급히 갖추어야 하되 병량은 더욱 급히 조처해야 합니다. 그런데 병마는 어렵지 않으나 전량은 어려우며 절색(折色)은 어렵지 않으나 본색(本色)은 어려우니 마땅히 시급히 살펴야 합니다. 이에

150) 1596년 4월 책봉정사 이종성이 부산의 일본군 진영에서 탈출하여 돌아온 사건이다.

헌패를 본도에 보내니, 즉시 (헌패의 내용을) 조선국왕에게 자문으로 알려 해국에서 현재 미량(米糧)과 요초(料草)를 어느 곳에 얼마나 저장하고 있으며, 천병을 기다려 지용할 수 있는지에 대하여 조사하고 논의해 알고자 합니다. 만약 과연 부족하다면, 어디에서 마련해 운반하여 군사를 먹이는 일을 그르치지 않도록 하는데 힘쓸지를 속히 명확히 살펴 조사하고 성화같이 정문으로 보고해 본부원이 이를 근거로 삼아 긴급히 회의할 수 있도록 해 하십시오. 해국을 (만력) 21년(1593)부터 명군이 회복시켜 주었고 일본군이 부산으로 퇴각한 때부터 지금까지 4년이라 인민은 반드시 생업에 복귀했을 것이고 군량과 풀은 반드시 축적한 것이 있을 터이니, 이처럼 잔파되었다고 핑계를 삼아서는 안 될 것입니다.

[양호] 이를 받고 헤아려 보건대 마땅히 문서로 알려야겠습니다. 이에 마땅히 자문을 보냅니다.

[조선국왕] 이를 받고 이어서 이날과 이후 며칠 내로 군문 위관 연주부 동지 왕(이길)과 유격장군 섭(상)의 자첩(咨帖)을 여러 차례 받았는데, 또한 모두 군량과 풀을 담당하는 것에 대해서 말하였습니다. 양향은 이미 갖추어 조사하여 각처에 저장된 수목을 문책으로 만들었고, 아울러 소방이 잔파되어 공사 간에 탕갈된 연유를 진달하여 전보(轉報)의 근거를 삼도록 하였습니다. 말먹이 풀은 여름과 가을이 바뀌는 사이 장마가 이어져 비록 힘을 다해 채취하여 마련하였으나 전부 젖어 문드러져 말먹이로 삼지 못했기에 다시 연로 지방의 배신에게 명령을 내려 가을에 날이 개기를 기다려 다방면으로 채취하여 모아두어 시기에 임하여 그르치는 일이 없도록 했습니다. 그러고 나서 이번에 앞의 일로 자문을 받아 살펴보니, 소방의 볏짚은 이미 말먹이로 삼지 못합니다. 가을에 날이 개어 건조해지는 대로 산과 들의 풀을 때에 맞춰 채취하겠습니다. 자문 내 사리에 따라 준행하여 병조로 하여금 전항의 이

서·이남 연로 지방의 배신에게도 전행해 인부를 조발해 다방으로 채취하도록 하겠습니다. 모두 충분히 건조하는 것이 중요하므로, 매 속 15근씩 각 관소의 초장(草塲)에 쌓아두겠습니다. 의주·평양·가성·경성·공주·전주·남원과 같이 (명군이) 주둔해야 할 지방에는 따로 다수를 채취해 마련하여 조발된 병마의 지용으로 준비하겠습니다. 담당 배신으로 하여금 조심스럽게 잘 간수하게 하여 마필이 먹지 못하는 지경에 이르지 않도록 할 것이며 채취하여 보관 중인 풀을 포함해서 (마초에) 습기가 차서 쓸모없는 것이 되어 때에 임하여 일을 그르치지 않도록 하겠습니다. 덧붙여 채취하여 마련한 각 처 초속의 수목 및 간수를 담당하는 배신의 직명을 책자로 만들어 보고하게 하여 시급한 전보(轉報)의 근거로 삼는 것 외에, 앞서 언급한 전행하고 채취하여 마련하는 (사안) 등의 연유를 헤아려 보건대 마땅히 먼저 회보합니다. 이에 마땅히 자문으로 회답하니 바라건대 잘 살펴 전보(轉報)해 주십시오. 자문이 잘 도착하기를 바랍니다.

이 자문을 흠차분수요해동녕도겸리변비둔전산동포정사사우참의 양(호)에게 보냅니다.

만력 24년 윤8월 17일.

41. 兵部議遣陪臣入往日本囬咨
60a-61b(275~278쪽)

兵部,

爲 倭情 事.

該本部題, 職方淸吏司案呈.

奉本部送.

兵科抄出.

朝鮮國王奏前事. 等因.

奉聖旨.

兵部知道.

欽此. 欽遵. 抄出送司, 案呈到部.

爲照, 倭衆屯駐朝鮮地方, 聯絡二三百里, 結營一十六處. 兼之淸正倔强, 情形叵測, 似有久居屯田之意. 頃自上年七八等月, 頭班·二班倭衆, 渡海者共十一營, 柵房燒燬者九處, 淸正移合機張等營. 節據册使·遊擊等官揭報, 業已具題訖. 今據朝鮮國王具奏, 前日査與各官揭報相符. 但該國慮淸正尙屯機張氣勢頗盛, 恐其未必盡退, 特爲具奏,此三月以前事也. 近據遼鎭督撫諸臣塘報謂, 淸正於五月初十日, 悉衆渡海, 原駐機張栅房, 五千二百三十間, 盡行燒燬, 地方已歸朝鮮. 守臣朴弘春收管取有印結存照, 俱該臣等具本奏聞, 無容他議. 至於陪臣随册使渡海一節, 該國不敢擅許, 請命天朝, 具見恭順之義. 但以要致爲名, 則不可輕遣. 如果釋憾修好, 則不宜峻節. 一聽彼國君臣相機而行, 非臣等所能膠柱而議者. 伏乞天語叮嚀朝鮮國王, 俟釜山倭衆盡數回巢, 册使渡海往封, 卽遵照屢旨, 據實馳奏, 毋或遲延. 其陪臣之與否, 聽該國之自便, 不得因而別啓, 釁端致稽大典. 等因.

萬曆二十四年六月十四日, 少保兼太子太保本部尙書石等 具題. 十六日, 奉聖旨.

是. 你部裏, 便行文與朝鮮國王知道.

欽此. 欽遵. 擬合就行. 爲此, 合咨前去, 煩照本部題奉欽依事理. 欽遵査照施行. 須至咨者.

右咨朝鮮國王.

萬曆二十四年六月二十六日.

발신: 병부

사유: 일본의 사정에 관한 일입니다.

[병부] 본부에서 제본을 올렸는데, 직방청리사의 안정에 관한 것입니다.

[직방청리사] 본부에서 (검토하라고) 보내온 문서를 받았습니다.

[병부] 병과에서 초출하였습니다.

[병과] 조선국왕이 전사[151]에 관해서 주문을 올렸습니다.

[병부] 성지를 받들었습니다.

[만력제] 이 사안을 병부에 알리도록 하라.

[병부] 이와 같이 공경히 받들어 삼가 준행해야 하겠습니다. 초출한 내용을 사(司)로 보냈고 안정이 본부에 이르렀습니다.

[직방청리사] 살펴보건대, 일본군이 조선 지역에 둔주하고 있는 것이, 200~300리에 연결되어 있으며 진영을 갖춘 것이 16곳입니다. 아울러 기요마사가[152] 가장 강력한데, 정형을 예상할 수 없으나 오래 머물며 둔전할 뜻이 있는 듯합니다. 근래 작년 7월과 8월에 두반(頭班)과 이반(二班)의 일본군 중에서 도해한 것이 총 11개 영이고 건물을 불태운 것이 9곳인데, 기요마사는 기장 등의 진영으로 옮겨 모였습니다. 여러 차례 책봉사와 유격의 게보를 받아 이미 제본을 갖추어 올렸습니다. 지금 조선국왕이 갖추어 올린 주본을 받았는데, 이전에 조사한 각 관에서 올린 게보와 일치합니다. 다만 해국에서는 기요마사가 여전히 기장에 주둔하면서 기세가 자못 왕성한 것을 염려하고 반드시 전부 돌아가지는 않을 것을 우려하여 특별히 주본을 갖추어 올렸는데, 이는 3월 이전의 일입니다.

최근 요진의 총독과 순무 제신으로부터 「기요마사가 5월 10일에 무리를 모두 모아 바다를 건너갔으며 원래 주둔하던 기장의 건물 5천 230칸 모두 불태웠고 (그) 지역은 이미 조선으로 돌려주었습니다」라는 당보를 받았습니다. 수신(守臣) 박홍춘[153]이 인장을 찍어 모아 보관 중인 문서가 모두

151) 본 문서의 사안인 '爲倭情事'를 가리킨다.

152) 원문에는 '淸正'으로 기재되어 있다.

153) 울산에서 활동한 의병장 박홍춘(朴弘春, 1537~1601)이다. 『선조실록』에서 그가 가토 기요마사의 동향에 대해 보고하고 있던 정황을 확인할 수 있다. 『宣祖實錄』 卷73, 宣祖 29年 3月 庚寅(23일).

신등이 갖추어 올린 주본과 다른 의견이 없습니다. 배신이 책봉사를 따라 도해하는 한 대목에 대해서는, 해국이 감히 마음대로 결정하지 못하고 천조의 명을 청한다며 모두 공순한 뜻을 갖추어 보였습니다. 다만 만날 것을 요청해 보내는 것은 명분이 있어야 하니 (조선의 배신을) 가벼이 보낼 수는 없습니다. 만약 과연 감정을 풀고 수교하고자 한다면 준절함은 마땅치 않습니다. 일체 저 나라 군신이 기의에 따라 헤하게 할 일이지, 신등이 마음대로 논의할 일이 아닙니다. 엎드려 바라건대 조선국왕에게 정녕한 말씀을 내려 부산의 일본군이 모두 소굴로 돌아가고 책봉사가 바다를 건너가 책봉할 것을 기다리되, 즉시 누차 내린 성지를 살펴 준행하여 사실에 의거해 치주하되 의혹되거나 지체함이 없도록 하게 하십시오. 배신(이 함께 가는 일)의 여부는 해국이 편한 대로 따를 것이며 그로 인해서 별도의 계문으로 흔단을 일으켜 큰 의례[154]를 막지 않도록 하십시오.

[병부] 만력 24년 6월 14일, 소보겸태자태보본부상서 석(성) 등이 제본을 갖추어 올렸습니다. 16일에 성지를 받들었습니다.

[만력제] 그리하라. 너희 부에서는 즉시 조선국왕에게 문서를 보내어 알려라.

[병부] 이와 같이 공경히 받들어 삼가 준행해야 하겠습니다. 헤아려 보건대 마땅히 곧바로 시행해야 합니다. 이에 마땅히 자문을 보내니 번거로우시더라도 본부에서 제본을 올려 받은 성지의 사리에 따라 삼가 준행하여 살피십시오. 자문이 잘 도착하기를 바랍니다.

이 자문을 조선국왕에게 보냅니다.

만력 24년 6월 26일.

154) 원문의 '大典'은 도요토미 히데요시를 일본국왕으로 책봉하는 것을 가리킨다.

# 42. 李摠兵揭[155]
61b(278쪽)

恭啓. 悉照兵部移文, 聊具鄙緘菲儀, 伏惟電鑑幸甚. 移文內因倭報不一, 密差禁官, 奉候台體, 幷探實信勿, 與擺報知息望. 惟發付差官, 星馳示報, 感激無盡. 仰祈照諒. 不宣.

공손히 계문합니다. 병부의 이문을 모두 살펴보고 부족하나마 조촐한 선물을 갖추어 보내오니 엎드려 바라건대 훑어 봐 주시면 매우 다행이겠습니다. 이문에서 일본군에 대한 보고 내용이 일치하지 않아 비밀리에 금관(禁官)을 보내어 삼가 (국왕의) 안부를 여쭙고 아울러 신빙성 여부를 탐지하오니 파발의 보고를 통해 소식을 알려 주시기를 희망합니다. 차관을 보내 성화와 같이 달려오게 하여 알려 주시면 무궁한 감격이겠습니다. 알려 주시기 바랍니다. 이만 줄입니다.

155) 43번 문서인 조선국왕의 회게(回揭)에서 "대인께서 서쪽으로 돌아가신 때부터(自大人西回)"라는 문구를 통해 본 문서의 이총병은 1593년 조선에 온 흠차제독계요보정산동등처방해어일본군무총병 이여송이라고 생각된다. 또한 앞뒤의 문서가 1596년 시점이고, 회게에 언급된 노직·유영순의 이름이 8·9·10번 문서에 등장하는 것이 1596년 하순경이기에 그 당시에 작성된 문서로 추정해 볼 수 있다.

43. 回揭

61b-63a(278~281쪽)

自大人西回，一念耿耿長締，霞表感德之心．自爾如此，即承芝帖，審大人開府東路，去敝邦，爲近其於戀慘，能不自慰．又荷遼示所謂石尙書揭諭，再照兵部移文．寄送忠孝名節等錦四匹，厚儀旦警且感，無以爲報．不穀送獻貴府宜急，而尤不可少緩於尙書大人，致孤盛意．但念小邦之於上國體範，有截於陳奏·移咨之外，不敢私通文字．自兵亂之後，急於訴急，未遑具禮，始有揭報之事．然惟於如大人，曾莅敝邦有一面之雅，或近東官司先發者答之，自餘俱不敢徑瀆，當天朝一家之日，非敢自外．小邦之敬上國禮當如此．至於兵部大人，則於小邦雖有建議，存亡不可忘之厚恩，而實天朝大官地位懸絕，不穀何敢自私其恩有所干冒．今此揭諭，誠出於尙書大人，則是惠小邦，而不以外服親也，固當頂禮之不暇，不穀自揆，賤分何可遽自承當．向聞，人有作一書，若不穀投兵部者，詭呈尙書台座云，此實不穀所無之事，亦安知．兵部之揭，非若不穀所呈於本部之比也．貴部亦遠居藩垣，或有不得其實情者耶．況釜倭情形已具，陪臣盧稷·柳永詢等，齎進奏·咨，此外無他別情．不穀旣不敢當兵部揭諭，而濫自回禮．則寄來儀物·爲出兵部移文者，尤不敢拜留，謹此還璧．倘異日審知此揭此惠，眞爲兵部所賜，則不穀自覺罪悔，而有以報謝也．此在大人善爲開示，免使不穀陷於不恭之歸也．非大人曾有臨歷敝疆之分，敢抑情私至此耶．幸大人略其禮，而恕其情臨書，惶感不盡所欲言．統惟鑑諒．

대인께서 서쪽으로 돌아가신 때부터 애타는 마음 하나로 긴 시간 울적하였고 노을 밖으로 감덕(感德)하는 마음을 가지고 있었습니다. 그때 이래로 지금 이렇게 귀한 게첩을 받아 대인께서 부(府)를 열고 동쪽으로 왔다가 폐방을 떠나신 일을 돌이켜보니, 근래에 그 그립고 쓸쓸함에 스스로 위로할 수 없을 정도입니다. 또한 번갈아 보여 주시며 말한 석 상서의 게첩에 있는 유시를 받아 보고서 병부의 이문을 다시 살펴보았습니다. 부쳐서 보내 주신 충효명절(忠孝名節) 비단 네 필의 두터운 선물은 또한 놀랍고 또한 감사하여 보답할 길이 없습니다. 불곡은 귀부에 (답신을) 송헌(送獻)하기를 마땅히 급히 해야 할 것이고 더욱이 상서 대인에게 조금이라도 늦추어 두터운 뜻을 저버려서는 안 될 것입니다. 다만 소방의 상국에 대한 규범을 생각하건대, 진주(陳奏)와 이자에 해당하는 것 외에, 감히 사사로이 문자를 통할 수 없습니다. 병란이 일어난 이래, 위급을 급히 호소하려다 규례를 다 갖추지 못하다 보니 게보라는 방식이 시작되었던 것입니다. 그러나 대인과 같은 경우에 일찍이 폐방에 오셔서 한 번 만나 뵌 이래, 혹 동쪽에 가까운 관사에서 먼저 보낸 것에 답신하였고 그 외에는 모두 감히 번거롭게 하지 않았으니 당연히 천조 한 집안의 해 아래에서 감히 스스로 벗어날 수 없었습니다. 소방이 상국을 존경하는 예의가 마땅히 이와 같습니다.

병부의 대인[156]에 이르러서는, 소방에서 비록 존망에 잊을 수 없을 후한 은혜에 대해 건의할 것이 있더라도 실로 천조 대간의 지위가 현절(懸絶)하니 불곡이 어찌 감히 스스로 그 은혜에 대해 사사로이 간여할 수 있겠습니까. 지금 이 게유가 진실로 상서 대인께서 보낸 것이라면, 즉 이는 소방을 은혜로 대해 주는 것이며 외복(外服)으로서만 가까이 한 것이 아니니 진실로 마땅히 예의로 받들기에 겨를이 없어야 할 것이지만 불곡이 스스로 헤아려 보건대 비천한 직분으로 어찌 대번에 스스로 감당할 수 있겠습니까. 지난번에 듣건대 어떤 사람이 한 장의 글을 지어 마치 불곡이 병부에 글을 보낸 것처럼 하여 상서 대좌에 거짓으로 올렸다고 하던데, 이는 실로 불곡에게 없는 일이니 또한 어찌 알겠습니까.[157] 병부의 게첩은 불곡이 본부에 올리는 문서와 같게 비교할 바가 아닙니다.

귀부 또한 멀리 변경에 임하시어 혹시 그 실정을 얻지 못한 것이 아닙니까. 하물며 부산 일본군의 정형은 이미 배신 노직과 유영순이 주문과 자문을 갖추어 가지고 가서 진달하였고 이 외에 다른 별다른 정형은 없습니다. 불곡은 이미 병부의 게유를 감당할 수 없으니 스스로 회례하는 것은 외람된 것입니다. 그런즉 부쳐 보내 주신 의물과 저에게 발송해 주신 병부의 이문은 더욱 감히 받아들 수 없으므로 삼가 이렇게 돌려드립니다. 혹시 다른 날 이 게문과 이 은혜가 진실로 병부에서 내려 준 것이라는 것을 알게 된다면, 불곡은 스스로 잘못을 깨닫고 감사로 보답할 것입니다. 이는 대인께서 좋은 뜻으로 보여 주셔서 불곡이 공손하지 못한 길로 빠지지 않도록 해 주신 것입니다. 대인께서 일찍이 폐방의 일을 담당하는 직분을 맡아 주시지 않고서야 감히 사사로운 정을 억누르는 것이 여기까지 이르렀겠습니까? 다행히 대인께서

156) 석성을 가리킨다.

157) 1596년 하반기에 문제가 된 거짓 병부 차관 육문도(陸文韜)에 관한 일로 추정된다. 『宣祖實錄』 卷82, 宣祖 29年 12月 辛巳(19日); 『宣祖實錄』 卷82, 宣祖 29年 12月 甲申(22日). 또 다른 위서(僞書) 문제는 1596년 7월 호조참판 구성이 북경에서 돌아올 때 보고한 앞의 31번 문서에 나온다.

그 예를 줄이고 정상을 헤아려 문서를 보내 주셨으니 황송하고 감사함을 이루다 말할 수 없는 바입니다. 두루 잘 헤아려 살펴 주시기를 바랍니다.

44. 都司善後事宜
63a-64b(281~284쪽)

遼東都指揮使司,

爲 遵旨採擇敬陳善後事宜, 以求固海防 事.

本月初九日辰時, 蒙欽差總督薊遼保定等處軍務兼理糧餉經略禦倭都察院右都御史兼兵部右侍郎孫憲帖.

准兵部咨, 該少保兼太子太保本部尙書石提議, 備倭一應善後事宜, 內稱.

至若朝鮮, 自倭衆深入, 業已七道陷沒, 宗祀如綫, 而釜山諸處, 尤爲倭戶盤據, 未易驅除. 今皆仰藉皇上, 三戰之威, 足以寒其心, 一封之予, 足以固其志. 故關白·行長, 卒能俛首傾心聽信, 惟謹前之七道先獻, 今之一倭不留, 豈臣之愚所能制其命. 正所謂朝廷處置得宜, 能眠其心也. 則皇上之所以爲朝鮮者, 至矣. 若乘此恢復之後, 亟圖戰守之宜, 俾上足以慰皇上字小之懷, 下足以維彼國磐石之固者, 當汲汲爲臥薪嘗膽之謀, 不當泄泄蹈燕雀處堂之戒. 又朝鮮所自爲計, 而亦遼東督撫特加之意者. 統祈聖明裁定, 容臣等遵奉施行. 等因.[158] 節奉聖旨.

遵行文, 責令朝鮮國王亟圖戰守, 自保宗社, 以全天朝字小之恩, 勿得恃安自懈.[159]

欽此. 欽遵. 備咨本院部.

准此. 擬合就行. 爲此, 帖仰該司官吏, 照帖, 卽便備云, 移咨朝鮮國王, 遵照該部題奉明旨內事理, 轉行各該陪臣, 一體欽遵査照施行. 仍取該國遵行過緣由, 呈報査考. 等因.

蒙此. 擬合就行. 爲此, 合咨前去, 貴國煩照憲帖內事理, 遵照題奉明旨, 轉行該陪臣, 一體欽遵査照施行. 仍希咨回復, 以憑轉報施行. 須至咨者.

右咨朝鮮國王.

萬曆二十四年八月十一日.

발신: 요동도지휘사사

사유: 성지에 따라 공경히 진달한 적절한 사후 조치의 사안을[160] 채택하여 해방을 견고히 하는 일입니다.

[요동도지휘사사] 본월 9일 진시에 흠차총독계요보정등처군무겸리양향경략어왜도찰원우도어사겸병부우시랑 손(광)의 헌첩을 받들었습니다.

---

158) '至若朝鮮'부터 '等因'까지는 49번 문서 속 병부 자문에 실린 마지막 부분과 동일하다. 단, '又朝鮮所自爲計'가 49번 문서에서는 '此又朝鮮所自爲計'로 기재되어 있다.

159) '遵行文'부터 '勿得恃安自懈'까지는 49번 문서 속 만력제의 성지에 실린 마지막 부분과 동일하다. 단, '遵行文'이 49번 문서에서는 '還行文'으로 기재되어 있다.

160) 원문의 '善後事宜'는 적절한 사후 조치를 뜻한다.

[손광] 병부가 보내온 자문을 받으니, 소보겸태자태보본부상서 석(성)이 일본군에 대비하기 위한 일체의 적절한 사후 조치의 사안에 대해 제본을 올려 의논한 것으로 (조선과 관련해서는) 다음의 내용입니다.

[병부] 조선의 경우, 일본군의 무리가 깊숙이 들어온 이후 이미 7도가 함몰돼 종사가 거의 무너졌고 부산의 여러 곳에는 특별히 일본군이 점거하여 몰아내는 것이 쉽지 않았습니다. 이제 전부 황상께 의지하여 세 차례의 전투에서 보이신 위엄으로 충분히 마음을 가눌 수 있게 됐고 한 번 책봉을 허락하시니 그 뜻을 굳힐 수 있게 되었습니다. 따라서 관백과 유키나가[161]가 졸연 고개를 숙이고 마음을 굽혀 순종하며 삼가 이전의 7도를 먼저 바치고 현재 한 명의 일본군도 머무르지 않는 것이 어찌 신의 어리석음으로 저들의 운명을 좌우한 것이겠습니까. 그야말로 이른바 조정이 마땅한 바로 처치해서 저들의 마음을 잠재우게 한 것입니다. 그런즉 황상께서 조선에 대해서 하신 바는 지극하십니다. 만약 이번에 회복한 뒤로 전수의 마땅함을 즉시 도모하셔서 위로는 황상께서 아래 사람을 품는 마음으로 위로하시고 아래로는 저 나라의 초석을 공고하게 유지하게 하시려면 와신상담의 계책에 신경을 쓰셔야지 부산스럽게 연작처당[162]의 경계를 겪는 것은 온당하지 않을 것입니다. (이것은) 또한 조선 스스로 계획을 수립해야 하는 바이고 요동의 총독과 순무도 특별히 주의를 더해야 하는 것입니다. 모두 황명께서 판단하셔서 결정하시고 신 등으로 하여금 뜻을 받들어 준행할 것을 허용해 주시길 바랍니다. 다음과 같은 성지를 받들었습니다.

[만력제] 준행하라는 문서를 보내어 조선국왕으로 하여금 조속히 전

161) 원문에는 '行長'으로 기재되어 있다.

162) 원문 속 '燕雀處堂'은 안심하고 태만하다가 재앙을 당하는 것을 의미한다.

수를 도모하여 종사를 스스로 보전하여 천조가 아래 사람 아끼는 은혜를 온전케 하되 평안함을 믿고서 스스로 나태하지 말도록 하라.

[병부] 이와 같이 공경히 받들어 삼가 준행해야 하겠습니다. 본원부에 자문을 갖추어 보냅니다.

[손광] 이를 받고 헤아려 보건대 마땅히 곧바로 시행해야 합니다. 이에 해사 관리에게 헌첩을 보내니 살펴 즉시 첩문의 내용을 갖추어 조선국왕에게 이자하여 해부가 제본을 올려 받은 밝은 성지의 사리를 받들어 살피고 각 담당 배신에게도 전행하여 일체 삼가 준행하고 살피도록 하십시오. 덧붙여 해국이 준행한 연유를 취합하여 정문으로 보고하여 살펴 참고할 수 있도록 하십시오.

[요동도지휘사사] 이를 받들어 헤아려 보건대 마땅히 곧바로 시행해야 합니다. 이에 마땅히 자문을 보내니, 귀국에서는 번거롭더라도 헌첩의 사리를 살펴 제본을 올려 받든 밝은 성지에 따라 준행하고 담당 배신에게도 전행하여 일체 삼가 준행하고 살피도록 하십시오. 덧붙여 자문으로 회답하여 이를 근거로 전보(轉報)하게 해 주길 바랍니다. 자문이 잘 도착하기를 바랍니다.

이 자문을 조선국왕에게 보냅니다.

만력 24년 8월 11일.

45. 回咨
64b-65a(284~285쪽)

朝鮮國王,

爲 遵旨採擇敬陳善後事宜, 以求固海防, 事.

本年九月初一日, 准遼東都指揮使司咨前事.

本月初九日辰時, 蒙欽差總督薊遼保定等處軍務兼理糧餉經略禦倭都察院右都御史兼兵部右侍郞孫憲帖.

准兵部咨. 云云. 等因.

准此. 查照, 先該本年閏八月二十九日, 准兵部咨, 亦爲前事. 卽遵依咨內事理, 遵照該部題奉明旨, 轉行各該陪臣, 一體欽遵查照施行外, 爲此, 合行回咨, 請照驗轉報施行. 須至咨者.

右咨遼東都指揮使司.

萬曆二十四年十月初五日.

발신: 조선국왕

사유: 성지에 따라 공경히 진달한 적절한 사후 조치의 사안을 채택하여 해방을 견고히 하는 일입니다.

[조선국왕] 본년 9월 1일, 전사[163]에 대한 요동도지휘사사의 자문을 받았습니다.

[요동도지휘사사] 본월 9일 진시에 흠차총독계요보정등처군무겸리양향경략어왜도찰원우도어사겸병부우시랑 손(광)의 헌첩을 받들었습니다.

[손광] 병부에서 보내온 자문을 받았습니다. 「운운」 하였습니다.

[조선국왕] 이를 받고 살펴보니, 앞서 본년 윤8월 29일 병부의 자문을 받았는데, 또한 전사[164]에 대한 것이었습니다. 즉시 자문의 사리에 의거해 준행하여 해부가 제본을 올려 받든 밝은 성지에 따라 준행하고 각 담당 배신에게도 전행해서 일체 삼가 준행하고 살피는 것 외에 이에 마땅히 회자를 보내니, 청컨대 살펴 전보(轉報)해 주시기를 바랍니다. 자문이 잘 도착하기를 바랍니다.

이 자문을 요동도지휘사사에 보냅니다.

만력 24년 10월 5일.

163) 본 문서의 사안인 '爲遵旨採擇敬陳善後事宜以求固海防事'를 가리킨다.

164) 본 문서의 사안인 '爲遵旨採擇敬陳善後事宜以求固海防事'를 가리킨다.

46. 本國乞定謝恩倭數

65a-68b(285~292쪽)

朝鮮國王,

爲 乞急將謝恩倭子勒定人數, 勿許濫進, 仍嚴加禁約, 以弭地方之患 事.

本年十月初三日, 據陪臣接待都監提調官金命原啓稱.

本日午時, 接得住坐釜山千摠沈懋時報帖, 該寫近來得之傳聞, 皆云.

閏八月二十五日, 行封典禮. 九月初旬, 冊使即起身回矣. 計十月中, 當渡海北發貴國, 沿途橋架道路, 皆宜修治, 館舍皆宜修. 盖牛馬, 皆宜豫備. 況謝恩倭衆, 聞有三百人, 沿途寓宿, 當有豫備, 不宜令雜入民居. 乞酌其可否如何, 先期示知, 俟冊使一來, 生可條議而行之也. 等因.

具啓. 據此. 行據議政府狀啟.

該千摠沈懋時報帖, 得之傳聞, 皆云. 閏八月二十五日, 行封典禮. 九月初旬, 冊使即起身回矣. 計十月中, 當渡海北發. 謝恩倭衆, 聞有三百人, 沿途寓宿, 當有豫備, 不宜令雜入民居. 竊照, 本官住坐釜山日久, 熟諳本賊情狀, 亦慮其兇悍難制, 爲患地方而言也. 海外之事, 雖不可豫料, 參以事勢, 則册使回還日期已迫, 而謝恩倭子三百人, 又將跟到, 穿過本國腹裡地方. 委難禁制, 攬擾之害, 已不可勝言. 況釜山·竹島·安骨·加德, 四屯之倭, 尙未盡撤, 意外之虞, 亦不可不慮. 合無備將前因移咨遼東都司, 以憑轉報總督·撫院·總鎭等各該衙門, 査依本國原·今咨內事理, 急將謝恩倭子勒定人數, 勿許濫進, 仍嚴加禁約, 以弭地方之患. 相應. 等因.

具啓. 據此. 査照, 先該本年八月內, 據議政府狀啓.

該欽差册封日本正使伺候陪臣李恒福報說.

册使未過之先, 釜山等處衆倭俱說.

册使事完回還時分, 行長當帶同累百人衆跟隨出來, 赴京謝恩. 等因.

得此. 臣等竊照, 本賊兇狡, 有素變詐百端. 當初, 小西飛於闕庭面審之時, 約以若得准封, 一倭不敢留住朝鮮. 目今册使過海, 而四處之倭, 留住如前, 姦狀如此. 其謝恩人·船數目, 雖有天朝原定爲約束, 又難保其一一遵依. 合無備將前因具本呈, 星夜馳奏, 懇乞特下嚴旨, 令欽差册封日本正副二使, 豫先申諭該酋, 將該謝恩倭子, 遵依原定約束, 人毋過三百, 船毋過三隻, 至對馬島, 候旨定數, 査依諸國進貢事例, 省約進京, 仍令嚴加鈐束於本國地方, 一毫不許擾害. 而竊慮往來奏稟之間, 未免遲延月日, 若倭使徑先渡海, 任意前進, 則無人鈐束, 爲禍匪細. 一面, 移咨遼東都司, 以憑轉報軍門·撫院·總鎭衙門, 奏聞區處, 俾無後時悞事之患. 相應. 等因.

具啓. 據此. 已經備將所據緣由, 咨請貴司, 以憑轉報各衙門, 去後, 隨准回咨.

准朝鮮國王咨前事. 等因. 到司. 准此. 備云來咨, 轉報撫院·軍門·按院·總鎭等衙門外, 擬合回復. 爲此, 合咨前去, 煩請查照施行. 等因. 准此. 行間, 今該前因, 當職爲照, 該千摠沈懋時報帖, 得之傳聞, 皆云, 閏八月二十五日, 行封典禮. 九月初旬, 册使卽起身回矣. 計十月中, 當渡海北發. 謝恩倭衆, 聞有三百人, 沿途寓宿, 當有豫備, 不宜令雜入民居. 竊照, 本官住坐釜山日久, 熟諳本賊情狀, 亦慮其兇悍難制, 爲患地方而言也. 海外之事, 雖不可豫料, 參以事勢, 則册使回還日期已迫, 而謝恩倭子三百人, 又將跟到, 穿過本國腹裡地方. 委難禁制, 攪擾之害, 已不可勝言. 況釜山·竹島·安骨·加德, 四屯之倭, 尙未盡撤, 意外之虞, 亦不可不慮. 煩乞貴司, 備將前項緣由, 轉報總督·撫院·按院·總鎭等各該衙門, 查依小邦原·今咨內事理, 作速移文册封二使, 將該謝恩倭子, 遵依原定約束來, 到對馬島地方, 候旨定數, 查依諸國進貢事例, 省約進京, 仍令嚴加鈐束於小邦地方, 一毫不許騷擾. 而另差的當將官一員, 專管各倭往來禁約勾當, 以弭地方之患, 不勝幸甚. 爲此, 合行移咨, 請照驗轉報施行. 須至咨者.

右咨遼東都指揮使司.

萬曆二十四年十月初六日.

발신: 조선국왕

사유: 긴급히 바라옵건대, 사은하는 일본인들이 인원을 함부로 정하는 사안에 대해서 마음대로 늘리는 것을 허락하지 마시고 덧붙여 금지 사항을

엄히 더하여 지방[조선]의 우환을 그치는 일입니다.

[조선국왕] 올해 10월 3일, 배신 접대도감제조관 김명원으로부터 다음의 계를 받았습니다.

[김명원] 본일 우시에 부산에 주둔하고 있는 천총 심무시가 보고한 첩문을 받았는데, 근래에 전해들은 내용을 글로 옮긴 것으로 모두 다음의 내용입니다.

[심무시] 윤8월 25일 책봉 전례를 행했습니다. 9월 초순에 (명나라) 책봉사가 곧장 떠나 돌아갔습니다. 계획상으로 10월 중 (일본의 사은사 일행이) 마땅히 바다를 건너 북쪽 방면에서 귀국(조선)으로 출발할 것이니, 연해의 길·다리·도로를 전부 닦고 관사를 모두 정돈해야 할 것입니다. 말과 소도 모두 미리 준비해야 할 것입니다. 더구나 사은하러 올 일본인 수가 매우 많은데 300명일 것으로 들었으니 가는 길에 숙소를 당연히 준비하되 의당 민가에 뒤섞여 들어가지 않도록 해야 합니다. 바라건대 (조선에서) 그 가부 여하를 따져 미리 통지해 알려 책사가 돌아오기를 기다렸다가 제가 조목별로 논의해서 행할 수 있도록 해야 할 것입니다.

[조선국왕] 갖춘 장계를 받고서 의정부에 보냈고 장계를 받았습니다.

[의정부] 천총 심무시가 얻어 전해들은 첩문은 「윤8월 25일 책봉과 관련한 전례를 행했습니다. 9월 초순에 (명나라) 책봉사가 곧장 떠나 돌아갔습니다. 계획상으로 10월 중 (일본의 사은사 일행이) 마땅히 바다를 건너 북쪽 방면에서 출발할 것입니다. 사은하러 올 일본인 수가 매우 많은데 300명일 것으로 들었으니 가는 길에 숙소를 당연히 준비하되 의당 민가에 뒤섞여 들어가지 않도록 해야 합니다」라는 내용입니다. 가만히 생각해 보건대, 본관(심무시)이 부산에 주둔한 날이 오래이기에 본적의 정상을 익히 알고

있고 또한 저들의 흉악하고 사나움을 다스리기 어려워 조선에 해가 될 것을 염려해서 말한 것입니다. 나라 밖의 일은 비록 예상할 수 없지만 사세를 참작해 보면, 책사가 돌아올 날이 임박했고 사은하러 올 일본인이 300명인데 또한 장차 책사의 뒤를 따라 도착해서는 본국의 내부를 관통해 지나갈 것입니다. 실로 못하게 막기 어려워 소란을 일으킬 해악은 이미 이루다 말할 수 없습니다. 더욱이 부산·죽도·안골·가덕의 네 둔거지에 있는 일본군이 아직까지 모두 철수하지 않았기에 의외의 우려를 또한 고려하지 않을 수 없습니다. 전인(前因)과 관련해서 요동도사에 이자해 이를 근거로 총독·무원·총진의 각 해당 아문에 전보(轉報)하되, 본국에서 이전에 보낸 자문과 지금 보내는 자문의 사리에 의거해 조사함으로써 조속히 사은하는 일본인들이 인원을 함부로 정하는 사안에 대해서 마음대로 늘리는 것을 허락하지 말고 덧붙여 금지 사항을 더욱 엄하게 해서 지방[조선]의 우환을 그치도록 대비하면 어떨까 합니다.

[조선국왕] 갖춘 장계를 받고 조사해 보니 이전에 본년(1596) 8월 의정부로부터 장계를 받았습니다.

[의정부] 해흠차책봉일본정사사후배신 이항복이 보고하여 말했습니다.

[이항복] 책사가 아직 건너오기도 전인데 부산 등처의 일본인들이 모두 다음과 같이 말했습니다.

[일본군] 책사가 임무를 마치고 돌아갈 때 유키나가[165]가 수백 인을 거느리고 책사를 따라 (조선으로) 나아서 북경에 사은하러 갈 것입니다.

[의정부] 이를 받고서 신 등이 가만히 생각해 보건대, 본적은 흉악하고 교활하여 본디 여러 가지 방법의 변사(變詐)를 갖고 있습니다. 당초 소서

165) 원문에는 '行長'으로 기재돼 있다. 고니시 유키나가이다.

비[166]가 경사(북경)에서 대면으로 심문을 받을 적에 만약 책봉을 허락 받는다면 한 명의 일본군도 감히 조선에 머물지 않을 것이라 약속했습니다. 지금 책사가 바다를 건넜음에도 4곳의 일본군이 이전과 같이 둔거하고 있으니 간사한 정상이 이와 같습니다. 사은할 인원과 선박의 수목은 비록 천조가 원래 정해서 약속했더라도 또한 저들이 일일이 성지를 따른다고 보장하기 어려울 것입니다. 전인에 관하여 정문을 갖추어 신속히 달려가 주청하되 간절히 청하여 엄한 성지를 특별히 내리시도록 하사 흠차책봉일본정사·부정사로 하여금 관련 우두머리에 미리 신칙하셔서 사은하러 오는 일본인에게 원래 정한 약속대로 인원은 300명, 선박은 3척을 넘기지 말 것을 준행하고 대마도에 도착하면 성지를 기다리며 수를 정하되 여러 나라들이 진공하는 사례에 의거해 조사해서 약속을 살펴 북경으로 가게 하고 덧붙여 조선에서의 단속을 더욱 엄히 하셔서 조금이라도 소요나 해악을 불허하시도록 대비함이 어떨까 합니다. 그리고 주달하여 아뢰며 오가는 사이에 시간이 지연됨을 면치 못해서 만약 일본 사신이 앞질러 바다를 건너와 마음대로 전진해 아무도 단속하지 못한다면 화가 됨이 작지 않을 것이 적잖이 염려됩니다. 동시에 요동도사에게 이자하여 이를 근거로 군문·무원·총독 아문에 전보(轉報)해서 주문해 처리하도록 함으로써 나중에 일을 그르치는 우환이 없도록 하시길 바랍니다.

[조선국왕] 갖춘 장계를 받고서 이미 (의정부가) 언급한 연유에 대해 갖추어 귀사에 자문으로 요청해 각 아문에서 이를 근거로 전보(轉報)하도록 한 후 이어서 회자를 받았습니다.

[요동도지휘사사] 전사[167]에 대한 조선국왕의 자문을 받았습니다. 본사에

166) 고니시 유키나가의 부하 나이토 조안을 말한다. 1594년 북경에 들어가 도요토미 히데요시의 표문을 바쳤다.

도착했습니다. 이를 받고서 보내온 자문의 내용으로 갖추어 무원·군문·안원·총진 아문에 전보(轉報)한 것 외에, 헤아려 보건대 마땅히 회자해야 하겠습니다. 이에 마땅히 자문을 보내니 번거롭더라도 청컨대 잘 살펴 주시길 바랍니다.

[조선국왕] 이를 받고 시행하는 동안, 지금 위의 자문을 받아서 당직이 살펴보니, 천총 심무시가 얻어 전해들은 첩문은 「윤8월 25일 책봉과 관련한 전례를 행했습니다. 9월 초순에 (명나라) 책봉사가 곧장 떠나 돌아갔습니다. 계획상으로 10월 중 (일본의 사은사 일행이) 마땅히 바다를 건너 북쪽 방면에서 출발할 것입니다. 사은하러 올 일본인 수가 매우 많은데 300명일 것으로 들었으니 가는 길에 숙소를 당연히 준비하되 으당 민가에 뒤섞여 들어가지 않도록 해야 합니다」라는 내용입니다. 가만히 생각해 보건대, 본관이 부산에 주둔한 날이 오래이기에 본적의 정상을 익히 알고 있고 또한 저들의 흉악하고 사나움을 다스리기 어려워 조선에 해가 될 것을 염려해서 말한 것입니다. 나라 밖의 일은 비록 예상할 수 없지만 사세를 참작해 보면, 책사가 돌아올 날이 임박했고 사은하러 올 일본인이 300여 명인데 또한 장차 책사의 뒤를 따라 도착해서는 본국 내부를 관통해 지나갈 것입니다. 실로 못하게 막기 어려워 소란을 일으킬 해악은 이미 이루 다 말할 수 없습니다. 더욱이 부산·죽도·안골·가덕의 네 군데에 둔거하는 일본군이 아직까지 모두 철수하지 않았기에 의외의 우려를 또한 고려하지 않을 수 없습니다. 바라건대, 번거롭더라도 귀사는 전항의 연유를 총독·무원·안원·총진의 각 해당 아문에 전보(轉報)해서 본국에 이전에 보낸 자문과 지금 보내는 자문의 사리에 의거해 조사하여 속히 책봉 2사(정사와 부정사)에게 자문을 보내어 사은하러 오는 일본인이 원래 정한 약속대로 성지를 준행해 오게 하고 대마도에 도착해

167) 본 문서의 사안인 '爲乞急將謝恩倭子勒定人數勿許濫進仍嚴加禁約以弭地方之患事'를 가리킨다.

서는 성지를 기다려 수를 정하되 여러 나라들이 진공하는 사례에 의거해 조사해서 약속을 살펴 북경으로 가게 하며 덧붙여 조선에서의 단속을 더욱 엄하게 하셔서 조금이라도 소요나 해악을 불허해야 합니다. 그리고 특별히 적당한 장관 일원을 보내어 오가는 일본인마다 금약을 지키는지를 전적으로 책임지고 담당해서 지방[조선]의 우환을 그치도록 하시면 지극히 다행일 것입니다. 이에 마땅히 이자하니 청컨대 잘 살펴 전보(轉報)하시길 바랍니다. 자문이 잘 도착하기를 바랍니다.

이 자문을 요동도지휘사사에 보냅니다.

만력 24년 10월 6일.

47. 都司暫住兵馬鴨綠西邊

68b-70a(292~295쪽)

遼東都指揮使司,

爲 倭情 事.

蒙欽差總督薊遼保定等處軍務兼理糧餉經略禦倭都察院右都御史兼兵部右侍郎孫憲帖.

准兵部咨.

該本部題, 職方淸吏司案呈.

奉本部送.

兵科抄出.

朝鮮國王姓諱奏前事. 等因.

奉聖旨.

兵部知道.

欽此. 欽遵. 抄出送司. 卷查, 原行事理相同. 案呈到部.

爲照, 釜山倭情, 自正使李宗誠出營之後, 意其中變. 故督臣議調遼鎭馬兵三千協守朝鮮之全羅, 相爲掎角以振先聲, 誠爲未然之慮. 今據該國奏稱, 清正渡海, 柵房盡燒, 而竹島·釜山餘倭, 撤回之形, 十有八九. 查與楊方亨等前後揭報, 一一相同. 且朝鮮陪臣, 見在釜山所見情形, 更眞迫近, 日本所關利害更切, 乃聞調兵之令, 輒以乏餉爲辭. 盖明知倭已就封, 不欲多爲勞費. 是其情有當體者, 合無一面原調馬兵暫駐鴨綠迤西, 以爲聲援. 一面行令朝鮮, 遵照屢旨, 鍊兵積餉, 以備不虞. 旣經具奏前來, 相應覆請合候命下, 移咨遼東督撫衙門幷朝鮮國王, 一體查照施行. 等因.

萬曆二十四年, 閏八月十一日, 小堡兼太子太保本部尙書石等具題. 十三日, 奉聖旨.

是.

欽此. 欽遵. 抄捧送司, 案呈到部.

擬合就行.

爲此, 合咨前去, 煩照本部題奉欽依事理, 欽遵查照施行. 等因.

准此. 擬合就行. 爲此, 帖仰該司官吏, 照帖事理, 即便備云, 移咨朝鮮國王, 欽遵查照施行. 等因.

蒙此. 擬合就行. 爲此, 合咨前去, 煩照憲帖·咨內事理, 欽遵查照施行. 仍希咨回照. 須至咨者.

右咨朝鮮國王.

萬曆二十四年九月初六日.

발신: 요동도지휘사사

사유: 일본의 사정에 관한 일입니다.

[요동도지휘사사] 흠차총독계요보정등처군무겸이양향경략어왜도찰원우도어사겸병부우시랑 손(광)의 헌첩을 받았습니다.

[손광] 병부로부터 자문을 받았습니다.

[병부] 본부에서 제본을 올렸는데, 직방청리사의 안정에 관한 것입니다.

[직방청리사] 본부에서 (검토하라고) 보낸 문서를 받았습니다.

[병부] 병과로부터 초출한 내용입니다.

[병과] 전사(前事)[168]와 관련하여 조선국왕 이(李) 휘(諱)가 올린 주본입니다.

[병부] 성지를 받들었습니다.

[만력제] 병부에 (이 사안을) 알리도록 하라.

[병부] 이와 같이 공경히 받들어 삼가 준행해야 하겠습니다. 초출한 내용을 사로 보냈습니다. 관련 문서를 찾아보니, 원래 행해야 할 사리와 같습니다. 안정이 부에 도착했습니다.

[직방청리사] 살펴보건대, 부산에 둔거하는 일본군의 상황에 대해서는 정사 이종성이 탈출한 이후로 그 사이에 변고가 일어난 것 같습니다. 따라서 요동의 마병 3천을 조발하여 조선의 전라 지역을 (조선군과) 협력해 방비하고 서로 기각을 이루어 선성을 떨치도록 한 독신(손광)의 논의가 실로 미견의 계획입니다. 지금 조선국왕이 주본에서 「기요마사가 바다를 건넜고 울타리와 방옥이 모두 불탔으며 죽도와 부산의 남은 일본군이 돌아갈 형세가 십중팔

168) 본 문서의 사안인 '爲倭情事'을 가리킨다.

구입니다」라고 했습니다. 양방형 등이 전후로 보고한 게문과 조사해 보니 하나하나 일치합니다. 그리고 조선의 배신이 현재 부산에서 목격한 상황이 또한 이에 실제로 근접하고 일본과 관계한 바의 이해가 또한 절실하지만 도리어 (조선은) 군대 동원의 명령만 듣기만 하면 군량이 부족하다는 것으로 핑계를 삼습니다. 아마도 일본이 이미 책봉을 받았음을 명확하게 알기에 인력과 비용을 많이 들이고 싶지 않아 하는 것 같습니다. 이것이 그 정상의 마땅한 바이니, 한편으로는 원래 동원할 마병을 압록강 서편에 잠시 주둔시켜 성원하도록 하고 다른 한편으로는 조선에 문서를 보내어 누차 내린 성지에 따라 준행해서 군사를 훈련시키고 군량을 비축해 미리 헤아리지 못할 수 있는 부분을 대비하도록 하는 것이 어떨까 합니다. 이미 갖추어 올린 주본을 보냈으나 마땅히 다시 주청해서 명이 내려지기를 기다렸다가 요동의 독무 아문과 조선국왕에게 이자해서 일체 잘 살피도록 하십시오.

[병부] 만력 24년 윤8월 11일, 소보겸태자태보본부상서 석(성) 등이 제본을 올렸습니다. 13일에 성지를 받았습니다.

[만력제] 그리하라.

[병부] 이와 같이 공경히 받들어 삼가 준행해야 하겠습니다. 초출한 내용을 받들어 사에 보냈고 안정이 부에 도착했습니다.

[직방청리사] 헤아려 보건대 마땅히 곧바로 시행해야 합니다.

[병부] 이에 마땅히 자문을 보내니 번거롭더라고 본부가 제본을 올려 받은 성지의 사리에 의거하여 삼가 준행하고 잘 살펴 주시길 바랍니다.

[손광] 이를 받고 헤아려 보건대 마땅히 곧바로 시행해야 합니다. 이에 첩을 해사 관리에게 내리니 첩에 담긴 사리에 따라 즉시 첩문의 내용을 갖

추어 조선 국왕에게 이자해서 삼가 준행하고 잘 살피도록 하십시오. [요동도지휘사사] 이를 받고 헤아려 보건대 마땅히 곧바로 시행해야 합니다. 이에 마땅히 자문을 보내니 번거롭더라도 헌첩과 자문의 내용을 따라 삼가 준행하고 잘 살피시길 바랍니다. 아울러 바라건대 자문으로 회답해 주십시오. 자문이 잘 도착하기를 바랍니다.

이 자문을 조선국왕에게 보냅니다.

만력 24년 9월 6일.

48. 回咨

70a(295쪽)

朝鮮國王,

爲 倭情 事.

本年九月二十九日, 准遼東都指揮使司咨前事.

蒙欽差總督薊遼保定等處軍務兼理糧餉經略禦倭都察院右都御史兼兵部右侍郎孫憲帖.

准兵部咨. 云云. 等因.

准此. 卽遵依憲帖·咨文內事理, 查照施行外, 爲此, 合行回咨, 請照驗轉報施行. 須至咨者.

右咨遼東都指揮使司.

萬曆二十四年十月初五日.

발신: 조선국왕

사유: 일본의 사정에 관한 일입니다.

[조선국왕] 올해 9월 29일 전사[169]와 관련한 요등도지휘사사의 자문을 받았습니다.

[요동도지휘사사] 흠차총독계료보정등처군무겸리양향경략어왜도찰원우도어사겸병부우시랑 손(광)의 헌첩을 받았습니다.

[손광] 병부의 자문을 받았습니다.「운운」하였습니다.

[조선국왕] 이를 받고 즉시 헌첩과 자문 속 사리를 따라 잘 살피는 것 외에, 이에 마땅히 회자하니 청컨대 살펴 전보(轉報)해 주시길 바랍니다. 자문이 잘 도착하기를 바랍니다.

이 자문을 요동도지휘사사에 보냅니다.

만력 24년 10월 5일.

169) 본 문서의 사안인 '爲倭情事'를 가리킨다.

49. 兵部善後事宜

70b-77a(296~309쪽)

兵部,

爲 遵旨, 採擇敬陳善後事宜, 以永固海防 事.

職方淸吏司案呈.

奉本部送.

兵科抄出.

少保兼太子太保兵部尙書石題.

先該本部左侍郎李·右侍郎余, 遵奉明旨, 同九卿·科道等官會議, 備倭戰守事宜, 上請. 隨奉聖旨.

朕覽諸臣條議, 多有爲國忠謀. 今不論封事成否, 戰守二端在我, 原不可廢. 况薊·遼督撫等官, 見帶有禦倭職任, 着便將兩鎭兵馬, 加意整鍊, 親自巡關近海·近朝鮮地方, 周視要害, 預置積兵儲餉處所. 仍選謀勇將領, 量帶精兵, 申嚴紀律, 前往朝鮮, 協同敎鍊士卒, 固守險隘. 其天津·登·萊·浙·直·閩·廣等處通行, 各該督撫·將吏, 一體嚴飭守禦, 宣·大邊兵及浙兵, 且着揀選聽調. 自古兵行糧隨. 若饋餉不充, 調兵何益. 着戶部與該地方官, 多方設法轉運, 或開通海道, 或就遼東糴買, 務使軍興不乏. 還着薊·遼總督作速傳諭朝鮮國王, 令其厚積芻糧, 以待我兵救援, 天朝必無越數千里轉餉爲彼戰守之理. 各省直將官, 有曾經禦倭慣習水戰的, 兵部便博加搜訪以調畿輔近地, 及召赴京營, 聽用一應事宜. 各該衙門務要着實遵行, 毋得視爲虛文. 玩愒時日, 致悞事機, 罪有所歸. 其議中條件, 尙有可采擇的, 該部不妨參酌. 另請封事, 着遵旨行, 不許再來阻撓. 昨旨原着議戰守事宜, 未着議大臣去留, 輒擅評議. 姑且不究元輔及本兵. 俱已有旨了

欽此. 欽遵. 已經通行. 去後, 無容再議. 惟是恭繹綸音, 欲臣等參酌另請. 臣豈不思, 即少效一得. 緣是時, 臣星, 方席藁待罪, 料理封事, 憂病交作, 不及詳閱諸臣之疏, 商確便宜, 不敢造以請. 玆幸藉社稷之威靈皇上之獨斷, 冊使渡海而行, 倭守舊約. 惟謹臣乃得與同官二臣熟計謂, 自古謀國之臣, 無事則深憂, 有事則不懼. 何者. 其計畫預也. 今以目前言之, 亦可謂無事矣. 顧恬婾旣久, 瑕釁易生, 約束羈縻, 胡可長恃. 昔漢趙充國有曰, 兵者, 國之大事. 當爲後世法. 老臣不以餘命, 一爲陛下明言利害, 卒死, 誰復言之者. 臣失命, 不爲陛下一畫善後之策. 萬一不戒, 猝有他虞, 迺駭而圖之, 晚矣. 臣請得熟數于皇上之前. 照得, 日本負海, 而國自玄菟·樂浪迄于徐閩·東莞, 要無慮萬餘里. 西北行則可犯朝鮮·遼左, 稍折而東則可犯山東, 西南則可犯浙·直, 稍東則可犯閩·廣. 如北直之天津·山東·登萊, 南直之淮揚·吳淞, 浙之溫·寧, 閩·廣之興·漳·惠·雷, 皆要害也. 是故, 海防一節, 關係甚大, 非任遼左當嚴, 凡一應沿海去

處，俱所當加之意，誠有如明旨所云者．臣敬承淸問，敢約言之．夫今日廷議，其所爲禦倭長策，娓娓乎數千百言，大較，戰與守兩端止矣．所爲戰與守者，大較，兵·與·將三事止矣．所謂足兵·儲餉·選將者，皆曰，舊藉之當勾也，召募之當廣也，調發之當急也，義勇民壯之當覈也，官廩之當積也，海運之當開也，粟賤之當糴也，屯田之當復也，宿將之當用而豪傑之當擧也，爵賞之格當破也，跅弛材之當御也．是數者，總之，皆壯猷丕畫，卽使桑·孔持籌，孫·吳揆策，其計亦不出此，誠有如皇上所謂爲國忠謀者．臣自惟知識淺短，豈能舍諸臣之議而別求．所以爲奇策，就其中而採擇之．臣亦有說．諺云，耕當問奴，織當問婢．又云，集衆思，廣忠益．臣竊見，今日所建牙而制閫者，皆皇上保障之臣，所衣繡持斧者，皆皇上干城之托也．躬習而躬言之，其見必較臣爲甚眞，躬言而躬踐之，其慮必較臣爲甚遠．議將前項事宜通行，各省·直督撫，相與悉心計議，廣稽博採要見，沿海一帶去處，某處爲衝，某處爲緩，某處爲倭淵藪，某處可以添設將領，某處可以設立墩臺，某處可以舵船，某處可以出洋邀擊，某處可以伏兵把截，大淸風尖，八槳·十二槳·叭喇·沙號等船，何處可用，防汎島門，迎海水寨，昔年若何建置，見今果否，補葺各自繪圖貼說，幷防守方略，逐一分欵開載，庶海夷情狀，宛在目前禦制，機宜明如指掌．查將諸臣會議各疏及本部覆請事理，如所謂舊藉之當勾，召募之當廣，調發之當急，義勇民壯之當覈，官廩之當積，海運之當開，粟賤之當糴，屯田之當復，宿將之當用，豪傑之當擧，爵賞之格當破，跅弛之材當御者，務要稽乎舊制，度乎時宜，可擧行者擧行，可變通者變通．或於會疏之外，別有長策，可以永靜海氣常堅保障者, 一一見之行事, 不待托諸空言. 此臣所謂久安長治之術也. 嗟乎. 謀國必期萬全, 當事不宜失着. 故臣向者, 區區之議, 必欲使倭奴盡數歸巢, 而後朝鮮可與圖存, 朝鮮存而後我之兵力可與休息, 我稍休息而後防海事宜, 如鍊兵儲餉選將, 可從容而爲善後之計. 其次第大致若此. 若徒幸彼之一去以爲安, 而遂弛改絃易轍之擧, 恃彼之恭順以爲固, 而遂忘畜艾撤桑之圖, 則又非臣所以擔封之初意矣. 凡臣, 今日所爲剖心吐膽, 復效其欵欵之忠者. 誠願自今以後, 須以防海之事, 責之各該沿海地方, 以各地方沿海之責, 委之各該督撫, 而毋以將來之不可知不能料者, 一概而遺責於臣, 則臣之襘負加弛, 臣之悰忠稍白, 去有餘榮, 死亦無憾矣. 昔人曰, 成敗·利鈍, 則非臣之明所能逆睹. 臣豈能以目前救焚拯溺之計, 而遂謂可保百年無事哉. 倘或不然, 而以數年之後, 稍有渝盟一隅之亂, 尋致失事, 率以臣爲生此厲階, 是使將來任事者, 可以逃責, 而目今擔當者, 無所辭罪. 臣固不足惜, 竊恐嗣後疆場有難, 必無有爲陛下分猷共念者, 如國事何. 伏望皇上俯鑒愚衷, 明示內外諸臣, 以後防海事務, 各自擔任極意料理, 毋互相推諉, 他日以臣爲藉口. 并乞皇上加意海防垂神省覽, 將臣所奏一應善後事宜, 再乞俯詢閣臣, 如以爲可, 勅下該部院, 轉行各省·直督撫衙門及各巡按御使, 會同, 各該司道選委才, 望官員, 遵照前項題議事理, 着實體訪各將, 沿海一帶, 水陸險要一切, 防禦機宜及兵馬·糧餉·船·器等項, 一一裁酌, 務期在在皆防, 事事皆妥, 方爲經久良策. 擬議停當, 勒限回奏, 以憑本部覆請定奪, 如果有裨實用, 即令責成修, 擧數年之後, 功績顯著, 准照邊方閱視事例, 在內從本部, 在外從巡·按御史疏, 各上請破格敍錄. 是所以紓皇上東南之憂, 建中興安攘之業者, 端在于此. 如有漫不經心, 苟且以虛文塞責, 致令玩愒時日, 坐失事機, 聽該科指名參奏, 庶上下交儆, 彼此同心, 而折衝亦有攸賴矣. 至若朝鮮, 自倭衆深入, 業已七道陷沒, 宗祀如綫, 而釜山諸處, 尤爲倭戶盤據, 未易驅除. 今皆仰藉皇上, 三戰之威, 足以寒其心, 一封之予, 足以固其志. 故關白·行長, 卒能俛首傾心聽信, 惟謹前之七道先獻, 今之一倭不留, 豈臣之愚所能制其命. 正所謂朝廷處置得宜, 能眠其心也. 則皇上之所以爲朝鮮者, 至矣. 若乘此恢復之後, 亟圖戰守之宜, 俾上足以慰皇上字小之懷, 下足以維彼國磐石之固者, 當汲汲爲臥薪嘗膽之謀, 不當泄泄蹈燕雀處堂之戒. 此又朝鮮所自爲計, 而亦遼東督撫特加之意者. 統祈聖明裁定, 容臣等遵奉施行. 等因[170]. 奉聖旨.

許. 倭乞封, 原係羈縻, 一切海防善後事宜, 卽行與各省·直總督撫·按官, 遵照條議, 着實修擧. 若有仍前琓愒虛文塞責者, 該科參奏重治. 還行文, 責令朝鮮國王亟圖戰守, 自保宗社, 以全天朝字小之恩, 勿得恃安自懈.[171]

欽次. 欽遵. 抄出送司. 案呈到部.

擬合就行.

爲此, 合咨前去, 煩照題奉欽依事理, 欽遵査照施行. 須至咨者.

右朝鮮國王.

170) '至若朝鮮'부터 '等因'까지는 앞의 44번 문서 속 병부 자문과 동일하다. 단, '此又朝鮮所自爲計'가 앞의 44번 문서에서는 '又朝鮮所自爲計'로 기재되어 있다.

171) '還行文'부터 '勿得恃安自懈'까지는 앞의 44번 속 만력제의 성지와 동일하다. 단, '還行文'이 앞의 44번 문서에서는 '遵行文'으로 기재되어 있다.

萬曆二十四年八月二十二日.

발신: 병부

사유: 성지에 따라 채택하여 적절한 사후 조치를 삼가 진달함으로써 영원히 해방(海防)을 공고히 하는 일입니다.

[병부] 직방청리사의 안정입니다.

[직방청리사] 본부에서 (검토하라고) 보낸 문서를 받았습니다.

[병부] 병과로부터 초출한 내용입니다.

[병과] 소보겸태자태보 병부상서 석(성)이 제본을 올렸습니다.

[병부] 이전에 본부 좌시랑 이(李)[172]와 우시랑 여(余)[173]가 명지를 받들어 준행하여 구경 및 과도관과 함께 일본군을 대비하는 전수의 마땅한 대책과 관련해 논의해서 품의[174]했습니다. 곧 이어 성지를 받았습니다.

[만력제] 제신이 사안별로 논의한 것을 열람해 보니, 나라를 위하는 충성된 생각이 많이 있다. 지금 책봉의 문제가 성사됐는가를 논하지 않더라도 전수의 양단은 우리에게 달려 있는 것으로 본디 그만둘 수 없는 것이다. 더구나, 계·요 지역의 총독과 순무 관원들은 현재 일본군을 방어하는 직임을 맡고 있으니 확실하게 두 진영의 병마를 이끌고[175] 군사를 훈련시키는 데 더욱 신경을 써 근해 및 조선과 가까운

172) 이정(李禎, ?~1613)이다.

173) 여무학(余懋學, ?~1598)이다.

174) 원문의 '上請'은 상급 기관에 알리거나 문의하여 논의하는 것을 말한다.

175) 원문의 '着便'은 어떤 일을 확실하게 수행할 때 쓰이는 표현이다.

지역을 친히 순시하고 요해처를 두루 살펴 군대를 모으고 군량을 비축할 처소를 미리 배치하도록 하라. 덧붙여 지모와 용기가 있는 장령을 선발해 정병(精兵)을 이끌고 기율을 엄하게 해 조선으로 나아가 합동으로 (조선의) 사졸을 훈련시키고 험준한 지역을 굳게 지키도록 하라. 천진·등주·동래·절강·직례·복건·광동에 두루 문서를 보내어 각 해당 총독과 순무 및 군관으로 하여금 일체 방어에 유의하도록 엄히 신칙하고 선부(宣府)와 대동(大同) 변경의 병사와 절강 병사를 또한 가려 뽑아 조발을 기다리도록 하라.

자고로 군대가 이동할 때 군량이 따랐다. 궤향(饋餉)이 충분치 않으면 군사를 동원하더라도 무슨 유익함이 있겠는가. 호부와 해당 지역의 관리는 해로를 개통할 수 있을지, 혹 요동에서 식량을 구입할 수 있을지 다방면으로 법도를 세워 운송해서 군사를 일으킴에 부족하지 않도록 하는 데 힘쓰라. 그렇지만 계·요 총독은 즉시 조선국왕에게 추량(芻糧)을 충분히 준비해 우리 군대가 구원하기를 기다림으로써 천조가 굳이 천리에 걸쳐 군량을 운송해 조선을 위해 전수할 까닭이 없음을 전유하라. 각 성(省)과 직례(直隸)의 장관 중 일찍이[176] 일본군을 방어한 경험을 갖고 수전에 익숙한 자가 있으면 병부는 상세히 검토해서 근기 지역으로 조발하고 부름을 받아 경영(京營)으로 오면 일체 마땅한 대책(事宜)에 따르도록 하라. 각 해당 아문은 착실하게 명에 따라 준행하기에 힘쓸 것이고 헛된 문구로 보아 넘겨서는 안 된다. 태만하게 시일을 보내다가 일의 기틀을 그르치는데 이르면 죄를 받을 것이다. 의논한 사안들 가운데 채택할 만한 것이 있으면 해부는 개의치 말고 참작하라. 특별히 책봉을 청하는 사안과 관련해서는 성지를

176) 원문 속 '曾經'은 이미 어떤 일을 해 오고 있다는 의미로 사용된다.

준행하되 다시 와서 방해가 되도록 하는 것을 허용하지 않는다.

어제 성지에서 원래 전수의 마땅한 대책을 논의하라고 했지 대신의 거취를 논의하라고는 하지 않았음에도 함부로 평의(評議)했다. 일단 원보(元輔)177) 및 병부상서를 추궁하지 말라. (이에 대해) 이미 모두 명을 내렸다.

[병부] 이와 같이 공경히 받들어 삼가 준행해야 하겠습니다. 이미 두루 문서를 보냈습니다. 그러고 나서 다시 논의하는 것을 용납하지 않으셨습니다. 다만 삼가 성지를 풀어 보건대, 신 등이 참작해서 별도로 (책봉을) 청하기를 원하셨습니다. 신이 어찌 마음에 생각한 바 없이 작은 성과나 한 번 얻고자 했겠습니까? 이번에 신(석성)이 석고대죄하며 책봉 문제를 처리하다가 우려와 병이 번갈아 들어 제신이 올린 소(疏)를 상세히 열람해서 적절한 조치를 의논해 확정짓지 못하는 데 이르렀기는 했지만 감히 함부로 (말을) 만들어 청하지는 않았습니다. 지금 다행히 사직의 위령과 황상의 독단에 힘입어 책사가 일본에 가 임무를 수행하고 있고 일본이 이전의 약조를 지켰습니다. 신이 삼가 같은 관직의 (좌시랑·우시랑) 두 신하와 함께 충분히 계획을 세워 "예로부터 나라를 위한 방책을 만드는 신하는 일이 없을 때 깊이 우려하기에 일이 발생하면 두려워하지 않는다. 왜 그러한가? 미리 계획하기 때문이다"라고 말했습니다. 지금 현재의 사안을 두고 말하자면, 또한 일이 없다고 할 것입니다. 돌아보건대, 편안한 시절이 이미 오래 지속됐기에 문제가 쉽게 발생할 수 있으니 (일본과) 약속한 기미책이 어찌 장기적으로 믿을 수 있는 것이겠습니까. 이전에 한나라의 조충국이 "군사(軍事)라는 것은 나라의 대사다. 마땅히 후세의 법 삼는 바가 돼야 할 것이다"라고 말했습니다.

177) 내각대학사 조지고(趙志皐, 1524~1601)를 가리킨다.

늙은 신하가 남은 삶 동안 한결같이 폐하를 위하여 이해(利害)를 명확하게 말하지 않다가 돌연히 죽는다면 누가 다시 그것을 말하겠습니까? 신이 죽으면 폐하를 위해 한결같이 선후책을 계획할 수 없을 것입니다. 만일 경계하지 않으셨다가 갑자기 다른 문제가 생겨서야 놀라 (대책을) 도모하신다면 늦은 것입니다.

신이 청컨대, 꼼꼼히 오래 동안 헤아려 본 계책[178]을 황상께 아뢰겠습니다. 살펴보건대, 일본은 바다를 등지고 있는데 나라가 현토·낙랑에서부터 서민[179]·동완[180]까지 합쳐서 무려 만여 리에 이릅니다. 서북으로 가면 조선과 요좌를 침범할 수 있고 조금만 꺾어 동쪽으로 가면 산동을 침범할 수 있고 서남으로 가면 절강과 남직례 지역을 침범할 수 있고 조금만 동쪽으로 가면 복건·광동 지역을 침범할 수 있습니다. 북직례의 천진·산동·등래, 남직례의 회양·오송[181], 절강의 온주·영파, 복건과 광동의 의흥·장주·혜주·뢰 지역의 경우 모두 요해처입니다. 이런 이유로 해안 방어의 한 대목은 관계됨이 매우 중요해서 요좌 지역만 엄히 방수해야 할 것이 아니라 연해 지역 일체를 모두 특별히 신경 쓸 때 진실로 성지로 말씀하신 바와 같이 할 수 있을 것입니다.

신이 삼가 황제의 명[182]을 받아 감히 대략 말해 보겠습니다. 대저 현재 논의가 진행되는 바는 일본을 막는 장책(長策)으로 장황하게 수천, 수백 마디지만 대략 비교해 보면 전(戰)과 수(守) 양단에 그칩니다. 전과 수라는 것은 대략 비교해 보면 병(兵)·여(輿)·장(將) 세 사안에 달려 있

178) 원문 속 '熟數'는 꼼꼼히 오래 동안 생각한 방법을 가리키는 표현이다.

179) 복건 지역을 이른다.

180) 광동성 동관(東莞) 일대를 말한다.

181) 현재 상해 일대를 이른다.

182) 원문 속 '淸問'은 만력제의 명을 뜻한다.

습니다. 이른바 병력을 충족하고 군량을 쌓아 두고 장수를 선발한다는 것은 모두 이전의 군적(軍籍)을 마땅히 관리하고 병사 소집(召募)을 마땅히 넓히고 조발을 마땅히 서두르고 백성 중 의롭고 용맹한 자를 마땅히 엄밀하게 조사하고 관청의 녹봉을 마땅히 축적하고 해운을 마땅히 열고 곡식이 흔할 때 마땅히 사들이고 둔전을 마땅히 복구하고 숙장(宿將)을 마땅히 등용하되 호걸을 마땅히 천거하고 벼슬과 상격을 마땅히 파격적으로 하고 제멋대로의 인사는 마땅히 통제하는 것을 말합니다. 여기 몇 가지는 총체적으로 보면 모두 원대한 계획으로서 상홍양과 공근으로 하여금 꾀를 부리고 손무와 오자서로 하여금 계책을 헤아리게 해도 그 계획이 또한 이것을 벗어나지 못할 것이니 진실로 황상께서 말씀하신 나라를 위해 충성된 생각을 한다는 것과 같습니다. 신은 스스로를 지식이 얇고 짧다고 여기니, 어찌 제신(諸臣)이 의논한 바를 버리고 따로 구할 수 있겠습니까? 빼어난 계책이라는 것은 그중에 가려서 선택하는 것입니다.

신에게는 또한 할 말이 있습니다. 밭을 갈려면 마땅히 노(奴)에게 묻고 베를 짜려면 마땅히 비(妃)에게 물어야 한다는 속담이 있습니다. 또 이르기를 여러 사람의 지혜를 모으면 충성된 이익을 얻는다고 합니다. 신이 가만히 보건대, 지금 군사(軍事)를 담당하는 자들은 모두 황상을 보필하는 신하들이며 지방으로 파견되는 관리는 모두 황상으로부터 나라 지키는 일을 위임받은 자들입니다. 몸소 익히고 진달하기에 그 보는 바는 신과 비교해서 기필코 더욱 진실될 것이며 몸소 말하고 실천하기에 그 생각하는 바는 신과 비교해서 기필코 더욱 원대할 것입니다. 전항의 사안에 대해 두루 문서를 보내 각 성과 직리의 총독과 순무가 서로 마음을 다하여 계획하고 의논하며 넓게 고려하고 폭넓게 긴요한 생각을 물음으로써 연해 일대의 거처와 관련해서 어디가 길목이고 어디가 느슨하고 어디가 일본군이 모일 수 있는 곳이고 어디가 장령들을 추가 배치해야 할 곳이고 어디에 돈대를 설치해야 하고 어디가 정박할 수 있는 곳이고 어디가 바다로 나가 요격할 곳이고 어디가 복병하고 파수할 곳이며 크게 푸른 바람이 치솟으면 팔장선·십이장선·팔라호선·사선[183]을 어느 곳에서 사용하고 밀려들어 오는 바닷물을 막는 도문(島門)과 바다를 접한 수영(水營)을 작년에 어떤 곳에 세웠다면 현재는 과연 어떠한지에 관해서 각자 작성한 도면과 첨부한 설명을 방어 대책과 함께 하나하나 분류하고 항목별로 열거해 기재한다면 아마도 바다 오랑캐의 정상은 확연히 목전에서 방어하며 통제하는 것과 같게 돼 기의의 명확함이 마치 손가락으로 손바닥을 가리키는 것과 같을 것입니다.

제신이 회의에서 개진한 각각의 소장과 본부가 다시 주청한 사리, 예를 들면 이전의 군적을 마땅히 관리하고 병사 소집을 마땅히 넓히고 조발을 마땅히 서두르고 백성 중 의롭고 용맹하게 싸우고자 하는 자를 마땅히 엄밀하게 조사하고 관청의 녹봉을 마땅히 축적하고 해운을 마땅히 열고 곡식이 흔할 때 마땅히 사들이고 둔전을 마땅히 복구하고 숙장을 마땅히 등용하고 호걸을 마땅히 천거하고 벼슬과 상격을 마땅히 파격적으로 하고 제멋대로의 인사는 마땅히 통제하는 것을 조사하되 반드시 옛 제도와 비교해 시의에 따라 헤아려 거행할 것은 거행하고 변통할 것은 변통하는데 힘쓰시기를 바랍니다. 혹 회의에서 논한 소의 내용 이외에 따로 장책으로서 해안의 사안들을 영원히 정돈해 보장(保障)을 항구

183) 원문 속의 '叭喇沙號'은 叭喇號船과 沙船이 잘못 기입된 듯하다. 명군의 전함에 대해서는 1593년 진주성 함락에 대한 조선 측 기록에 관련 기사를 참조하기 바란다. 『宣祖實錄』 卷40, 宣祖 26年 7月 戊辰(16日).

적으로 견지할 수 있는 사안의 경우 하나하나 보시고 시행하시면 헛된 말에 의탁하실 필요가 없는 것입니다. 이것이 신이 말하는 오래도록 안정되고 장기적으로 다스릴 수 있는 방법입니다.

오호라! 나라를 위한 계획은 만전을 기필해야지 일에 닥쳐서 실수하면 안 되는 것입니다. 따라서 신이 이전에 다양한 논의를 통해서 반드시 일본군을 전부 돌아가게 하고 나서 조선의 보존을 도모할 수 있고 조선을 보존하고 나서 우리 군대가 휴식을 취할 수 있게 하며 우리가 조금 휴식을 하고 나서 군사를 훈련시키고 군량을 비축하고 유능한 장수를 선발하는 것과 같이 해안을 방어하는 사안에 대해 차분하게 적절한 사후 조치의 계획을 만들고자 했습니다. 그 순서와 대강은 이와 같습니다. 만약 저들이 한 번 물러간 것을 한갓 요행히 위안으로 삼아 제도를 바꾸는 일을 느슨하게 하고 저들이 공순하게 나오는 것을 믿어 집착한다면 마침내 미연의 사태를 대비할 계획을 망각하는 것이니, 이는 신이 책봉 문제를 담당한 애초의 의도조차 아니었습니다. 무릇 신이 지금 마음을 드러내어 절절한 충심을 다시 보이려는 이유는 진실로 지금 이후 모름지기 해안 방어의 일과 관련해서 각 해당 연해 지방에 책임을 맡기시고 각 지방 연해의 책임을 해당 총독과 순무에게 위임하셔서 장래의 알 수 없는 것과 예측하지 못할 일을 한결같이 제게 책임을 돌리지 말도록 하신다면 신의 책임은 더욱 줄어들 것이요 신의 충정은 차츰 명백해질 것이니 떠나면 죽은 후의 영광이 있을 것이고 죽는다고 해도 아쉬움이 없을 것입니다.

옛 사람이 말하기를 '성패와 이해는 신하가 명쾌하게 앞을 미리 내다볼 수 있는 바가 아니다'라고 했습니다.[184] 신이 어찌 당장의 위기에서 남

184) 제갈량의 『後出師表』에 나온다.

의 곤란과 재난을 구할 수 있는 계획으로 끝내 백년무사를 보장한다고 말할 수 있겠습니까? 가령 그렇지 않다고 하더라도 몇 년이 지나 점차 작은 부분에서 위기가 있어 일을 그르치는 상황에 이르러 대략 이러한 화근이 발생한 것을 모두 신으로 인해서 그 원인이 발생했다고 한다면 이는 앞으로 사안을 담당하는 자로 하여금 책임을 회피하고 현재 담당하는 자로 하여금 죄를 묻는 바가 없게 하는 것입니다. 신은 결코 애석해 할 것이 없지만 가만히 생각해 보건대 이후 강역에 변란이 있으면 분명 폐하를 위해서 계획을 공유하고 함께 생각할 수 있는 자가 없게 될 것이니 국사를 어떻게 하시겠습니까? 엎드려 바라건대, 황상께서는 저의 어리석은 생각을 살피셔서 내외 제신들에게 명시하셔서 이후 해안 방어와 관련한 사안은 각자 책임을 지고 전심으로 계획함으로써 서로 책임을 전가하며 다른 날 신을 핑계 삼지 못하게 하십시오. 또한 바라옵건대, 황상께서 특별히 해안 방어에 뜻을 더하시고 살피셔서 신이 상주한 바의 적절한 사후 조치와 관련한 일체에 대해서 다시 각신에게 어떻게 하는 것이 옳은지를 하문하시고 해당 부원에 신칙하셔서 각 성과 직례의 총독과 순무 아문 및 순안 어사에게 전행함으로써 모두 모여 각 해당 부서에서 인재를 선임하고 관원을 추천하며 전항에서 제본으로 의논한 사리에 따라 준행하면서 연해 일대와 수륙 험요의 전반에 대해 장수들에게 착실하게 직접 문의하고 방어의 기의와 병마·군량·선박·기기의 항목에 대해서 하나하나 살펴보고 처리함으로써 곳곳을 다 지키고 일마다 타당하기를 기필하는 데 힘쓴다면 오래도록 지속할 수 있는 좋은 계획이 될 것입니다. 합당한 바에 대해서 초안을 잡아 기한 내에 회주해서 본부(병부)가 그것을 근거로 다시 주청하여 황제께서 결정을 하시되 만약 참으로 실용에 보탬이 된다면 책임지고 완료할 수 있도록 바로 명하셔서 수년간 시행한 뒤 공적이 현저하면 변방을 열시(閱視)한 사례에 의거하여 중앙 부서의 경우는 본부(병부)에서 그리고 지방 부서는 순무어사와 안무어사에서 상소하여 각각 파격적인 인사 고과를 청하도록 하십시오. 이것이 해안 방어[東南]에 대한 황상의 우려를 누그러뜨리고 중흥과 안양(安攘)[185]의 과업을 세울 수 있는 것으로 그 단초가 여기에 있습니다. 만약 게을러 마음을 쓰지 않고 구차히 헛된 글로 책임을 피하며 명령이 이르러도 태만하게 시일을 보내다가 앉아서 일의 기틀을 놓치는 경우에는 해당 부서의 과도관이 지명해 탄핵하는 주청을 따르신다면 아마도 상하가 서로 경계하고 피차 한마음이 될 것이며 절충하는 데에도 의지하는 바가 있을 것입니다.

조선의 경우, 일본군의 무리가 깊숙이 들어온 이후 이미 7도가 함몰돼 종사가 거의 무너졌고, 부산의 여러 곳에는 특별히 일본군이 점거하여 몰아내는 것이 쉽지 않았습니다. 이제 전부 황상께 의지하여 세 차례의 전투에서 보이신 위엄으로 충분히 마음을 가눌 수 있게 됐고 한 번 책봉을 허락하시니 그 뜻을 굳힐 수 있게 되었습니다. 따라서 관백과 유키나가[186]가 졸연 고개를 숙이고 마음을 굽혀 순종하며 삼가 이전의 7도를 먼저 바치고 현재 한 명의 일본군도 머무르지 않는 것이 어찌 신의 어리석음으로 저들의 운명을 좌우한 것이겠습니까. 그야말로 이른바 조정이 마땅한 바대로 처치해서 저들의 마음을 잠재우게 한 것입니다. 그런즉 황상께서 조선에 대해서 하신 바는 지극하십니다. 만약 이번에 회복한 뒤로 전수의 마땅함을 즉시 도모하셔서 위로는 황상께서 아래 사람을 품는 마음으로 위로하시고 아래로는 저 나라의 초석을 공고하게

185) 사악한 것을 멸하고 세상을 평안하게 한다는 뜻이다.

186) 원문에는 '行長'으로 기재되어 있다.

유지하게 하시려면 와신상담의 계책에 신경을 쓰셔야지 부산스럽게 연작처당[187]의 경계를 겪는 것은 온당하지 않을 것입니다. (이것은) 또한 조선 스스로 계획을 수립해야 하는 바이고 요동의 총독과 순무도 특별히 주의를 더해야 하는 것입니다. 모두 황명께서 판단하셔서 결정하시고 신 등으로 하여금 뜻을 받들어 준행할 것을 허용해 주시길 바랍니다. 성지를 받았습니다.

[만력제] 허락한다. 일본이 책봉을 애걸한 사안은 원래 기미책이나 일절 해안 방어를 위한 적절한 사후 조치와 관계된 것이니, 즉시 각 성과 직례의 총독과 순무 및 순안 관리에게 문서를 보내어 사안별로 논의한 의견에 따라 준행해 살펴 착실하게 대비하도록 하라. 만약 이전과 같이 태만하게 헛된 글로 책임을 피하는 자가 있으면 해당 과도관이 탄핵해서 엄하게 벌할 것이다. 또한, 문서를 보내어 조선국왕으로 하여금 조속히 전수를 도모하고 스스로 종사를 보전하여 천조가 아래 사람 아끼는 은혜를 온전케 하되 평안함을 믿고서 스스로 나태하지 말도록 하라.

[병부] 이와 같이 공경히 받들어 삼가 준행해야 하겠습니다. 병과로부터 초출한 내용을 사(司)로 보냈습니다. (사의) 안정이 부에 도착했습니다.

[직방청리사] 헤아려 보건대 마땅히 곧바로 시행해야 합니다.

[병부] 이에 마땅히 자문을 보내니 번거롭더라도 제본을 올려 받은 성지의 사리에 따라 삼가 준행하고 잘 살피시길 바랍니다. 자문이 잘 도착하기를 바랍니다.

이 자문을 조선국왕에게 보냅니다.

만력 24년 8월 22일.

187) 안심하고 태만하다가 재앙을 당하는 것을 의미한다. 앞의 문서 44에서도 나온다.

50. 回咨

77a-78a(309~311쪽)

朝鮮國王,

爲 遵旨採擇敬陳善後事宜, 以永固海防 事.

本年潤八月二十九日, 准兵部咨前事.

職方淸吏司案呈.

奉本部送.

兵科抄出. 云云.

擬合就行.

爲此, 合咨前去, 煩照題奉欽依事理, 欽遵查照施行. 等因.

准此. 當職竊照, 天朝矜念我邦, 終始拯濟, 而貴部尤擔當東事, 仍區劃善後事宜, 題奉聖旨移咨戒飭. 當職與一國臣民, 感激涕泣, 不知攸謝. 方敎鍊民丁, 收拾芻糧, 以爲禦賊之計, 而只緣殘破已甚, 無以剋日自振, 豈敢恃安自懈, 以孤天朝字小之恩. 卽遵照咨內題奉欽依事理施行外, 仍照倭奴, 雖因謝恩一遭經過, 伊情凶狡, 爲患可慮. 煩乞貴部查照當職善後奏聞及咨貴部事理, 嚴加省諭勿許貽患地方, 不勝幸甚. 爲此, 合行回咨, 請照驗施行. 須至咨者.

右咨禮部.

萬曆二十四年十月十五日.

발신: 조선국왕

사유: 성지에 따라 채택하여 적절한 사후 조치를 삼가 진달함으로써 영원히 해방(海防)을 공고히 하는 일입니다.

[조선국왕] 본년 윤8월 29일 전사[188]와 관련한 병부의 자문을 받았습니다.

[병부] 직방청리사의 안정입니다.

[직방청리사] 본부에서 (검토하라고) 보낸 문서를 받았습니다.

[병부] 병과로부터 초출한 내용입니다. 「운운」 하였습니다.

[직방청리사] 헤아려 보건대 마땅히 곧바로 시행해야 합니다.

[병부] 이에 마땅히 자문을 보내니 번거롭더라도 제본을 올려 받은 성지의 사리에 따라 삼가 준행하고 잘 살피시길 바랍니다.

[조선국왕] 이를 받고 당직이 가만히 생각해 보건대, 천조는 우리나라를 긍휼히 생각하는 마음이 끝까지 구제하는 데 있고, 귀부는 특별히 동사(東事)를 담당하되 덧붙여 적절한 사후 조치를 계획해 제본을 올려 성지를 받아 경계하고 타이르는 자문을 보냈습니다. 당직은 온 나라 신민과 함께 감격하여 체읍하며 감사할 바를 모르겠습니다. 바야흐로 백성들을 훈련시키고 군량을 모

188) 본 문서의 사안인 '爲遵旨採擇敬陳善後事宜以永固海防事'를 가리킨다.

아 일본군을 방어할 계획을 세우고 있는데 다만 잔파됨이 너무 심하기에 기일을 정해 스스로 떨쳐 일어날 수 없는 상황이지만 어찌 감히 평안함을 믿고 스스로 나태해서 천조가 아래 사람을 품는 은혜를 저버릴 수 있겠습니까. 즉시 자문에서 제본을 올려 받은 성지의 사리에 따라 준행하는 외에, 덧붙여 일본군를 살펴보니 비록 사은의 명목으로 한 차례 (조선 땅을) 지나간다고 하더라도 저들의 흉악하고 교활한 정상이 화를 만들까 염려가 듭니다. 번거롭더라도 귀부가 당직의 사후 조치에 관한 주문과 귀부에게 자문으로 알린 사리를 잘 살펴 각 성에 더욱 엄히 명하셔서 지방[조선]에 우환을 끼치지 말도록 유시하시면 크게 다행일 것입니다. 이에 마땅히 회자하니 청컨대 잘 살피시길 바랍니다. 자문이 잘 도착하기를 바랍니다.

이 자문을 예부에 보냅니다.

만력 24년 10월 15일.

동북아역사 자료총서 53

편역 事大文軌 4

초판 1쇄 인쇄 2022년 12월 20일
초판 1쇄 발행 2022년 12월 31일

옮긴이 이정일 · 김한신 · 김경태 · 장정수
펴낸이 이영호
펴낸곳 동북아역사재단

등 록 제 312-2004-050호(2004년 10월 18일)
주 소 서울시 서대문구 통일로 81 NH농협생명빌딩
전 화 02-2012-6065
팩 스 02-2012-6189
홈페이지 www.nahf.or.kr
제작·인쇄 청아출판사

ISBN 978-89-6187-765-7 94910
978-89-6187-522-6 (세트)